series 総務の仕事 これで安心

こんなときどうする？
を解決する安心知識

労働基準法と労使トラブル Q&A

久保社会保険労務士法人 監修

伊藤泰人・菊地信彰・村田小百合
森千晴・井尻潤
越智成悟・髙山秀夫 著

同文舘出版

「そのまま使える 総務の書式」
特典ダウンロードのご案内

読者特典の「そのまま使える 総務の書式」ダウンロードは、「総務の仕事 これで安心」リーズ専用ホームページから、手順に従って行ってください。

「総務の仕事 これで安心」シリーズ 専用ホームページ

http://koredeanshin.com

ユーザー名
rouki

ダウンロード用パスワード
27223210

- 本書は、特記したものを除き、平成24年1月末日現在の法律に基づいて作成しております。
- 本書の内容については、正確性を慎重に検討した上で記述いたしましたが、万が一、誤りや誤植などがありましても、責任は負いかねますので、ご了承ください。
- 本書の内容に関するお問い合わせは、久保社会保険労務士法人までお願いいたします。

はじめに

　総務の仕事とは、「従業員の皆さんが安心して働けるように会社を支える仕事」と言えるでしょう。
　皆が安心して働ける会社をつくるには、労働時間や休日などの労働法の知識を身につけておくことが不可欠です。
　特に、今は企業を取り巻く労働環境が激しく変化しており、「高齢者雇用」「メンタルヘルス対策」など新たな労働問題が次々に発生しています。それに対応するために、毎年のように労働関係の法律が改正されたり、新法が施行されています。

　一方で、従業員が「労働時間」や「有給休暇」などのさまざまな労働関係の知識を勉強するようになってきました。学んだ知識をもとに、最近では従業員が「未払い残業代」を請求するなど、自分の権利を主張するケースが増えています。
　多くの従業員は、会社に在籍している間は、会社に対して何も不満を言いません。ところが、退職したとたん、会社に「未払い残業代」請求の内容証明を送付する、労働基準監督署に駆け込む、といったケースが発生しています。
　このような労働問題に対応するために、人事・総務部の担当者や経営者の方は、労働基準法などの労働法についての最新の知識を理解しておくことが必要となります。
　本書では、人事・総務部の方や経営者が最低限知っておきたい知識を前半にまとめ、またよくある労使トラブルを後半にQ＆Aで解説しています。後半は前半とリンクしていますので、わからないところは前半に戻って理解を深めていただきたいと思います。
　1章以降の内容は、以下の通りです。

1章【会社のルール】
　「労働基準法」、さらに平成20年に施行された「労働契約法」によって、従業員保護がより強固なものとなってきました。まず、この章で基礎固めの知識をしっかり学んでください。

2章【募集・採用のルール】
　募集・採用は労使関係のスタート地点です。パートタイマーの雇止め等のトラブルにしても、トラブルの原因は「採用の時点」にあります。また、小規模企業の場合は慣例を重視して形式を怠ったばかりに、後にトラブルとなることが多々あります。もし、スタートで問題がなくとも、いつかは労使間のズレが生じてきます。

3章【給与のルール】
4章【労働時間・休憩・休日のルール】
5章【残業と労働時間のルール】
　従業員を働かせることができる労働時間は法律で決められています。ところが、それを知らずに従業員を長時間働かせていることがあります。また、残業は「会社の指示でするもの」で、従業員が決めることではありません。法律を理解していれば、無駄な残業を減らすことができるのです。また残業を許可制にしなかったために、ダラダラ残業を黙示の指示とされてしまい、時間外手当が発生する、このような無駄を排除した経営の提案を経営者は必要としているのです。

6章【けがや災害の防止とメンタルヘルス対策】
　メンタルヘルスの義務化法案が成立の見込みとなり、会社でのメンタルヘルス対策を講じなければならない時代となりました。職場での対策として、労働時間（残業時間）の見直し、配置転換、休職規程の整備等が必要となってきます。この法案の背景には、うつ病等に対する労災認定の増加、さらには過労死の増加があります。「法の不知はこれを許さず」とあるように、知

らなかったでは済まされない問題です。

7章【育児・介護のルール】
　女性従業員の妊娠・出産、従業員の家族の介護は避けて通れません。これから改正育児・介護休業法が全面施行される等、法改正も頻繁ですが、誰にでも起こりうることであり、働く女性のマンパワーを長い目で育む職場環境づくりは、従業員のモチベーションアップにつながります。

8章【退職のルール】
　定年退職・期間満了による退職・自己都合退職等、会社としては円満退職とまではいかなくとも、「終わりよければすべてよし」としたいものです。しかし、退職時のトラブルは少なくなく、多くの経営者を悩ませています。退職時の手続きを問題なく行なうことは、後のトラブル発生を防ぐ最も重要なことなのです。

9章【解雇のルール】
　能力不足、モンスター社員、セクハラ社員、パワハラ社員——社内に問題社員と思える人物がいるかもしれませんが、従業員を解雇すると、裁判所は「正当な解雇なのかどうか」を厳格に審査します。安易な解雇は、会社にとって思わぬ時間と費用を掛けることになります。営業成績がたとえゼロであっても、それだけをもって解雇とすると思わぬ落とし穴にはまります。

　経営者は経営のプロであっても、労務管理に精通しているとは限りません。経営者の側近である総務部の皆さんが最新の労働法の知識を身につけておくことは、円滑な会社運営につながる大切なことだと思います。

　専門知識の幅の広さ、新鮮さを高めるために、本書がその一助となれば幸いです。

こんなときどうする？ を解決する安心知識
労働基準法と労使トラブルQ&A

目 次

はじめに

法律知識編

1章 会社のルール

1 労働に関する法律
人を雇用する会社が守らなければならない労働法 ……… 18

2 労働者・使用者の定義
労働基準法が適用される労働者とは？ ……… 22

3 就業規則・雇用契約書の役割
就業規則・雇用契約書でトラブルを防ぐ ……… 24

4 労使協定
労使協定を結べば労働時間を延長できる ……… 28

5 労働基準監督署
法律違反のおそれがあると労働基準監督署が調査に来る ……… 30

2章 募集・採用のルール

1 募集・採用の基本
年齢制限・男女の区別をしてはならない ……… 34

2 人材活用の注意点
　高齢者・障害者・外国人の雇用 …………………………… 36

3 労働条件の明示
　労働時間、賃金等の条件を労働条件通知書で伝える …… 38

4 有期労働契約の労働条件
　パート・アルバイト・契約社員との契約は原則3年 …… 40

5 試用期間と内定
　試用期間は自由に定めることができる …………………… 42

3章 給与のルール

1 賃金支払いの5原則と割増賃金
　協定を結べば賃金から控除できる ………………………… 46

2 欠勤・遅刻・早退の場合の賃金
　働いていない時間の賃金はカットできる ………………… 50

3 休業手当
　自宅待機の日には休業手当を支払う ……………………… 52

4 平均賃金の計算
　労働できない場合にも、一定額の賃金を支払う ………… 54

5 最低賃金
　最低賃金は、地域別、産業別で毎年改定される ………… 56

6 年俸制
　年俸制は業績・評価と連動させやすい …………………… 58

7 賞与
　賞与は必ずしも払わなくてもよい ………………………… 60

8 退職金の制度設計・計算方法
　退職金規程を定めた場合、支払い義務が発生する ……… 62

4章 労働時間・休憩・休日のルール

1 法定労働時間
手待ち時間・拘束時間は労働時間 …… 66

2 休憩時間の基本
6時間を超えたら休憩が必要 …… 68

3 法定休日と法定外休日の違い
法定休日に働くと割増が必要 …… 70

4 労働時間等に関する規定の適用除外
管理職に労働時間は適用されない …… 72

5 休日
振替休日と代休は異なる …… 74

6 有給休暇の発生要件
入社半年で有休の権利が生まれる …… 76

7 有休の時季変更と計画的付与
有給休暇を計画的に取得させる …… 80

8 有休取得日の給与、有効期限、買い上げ
有給休暇は買い上げなくてもよい …… 82

5章 残業と労働時間のルール

1 36協定
残業させるには手続きが必要 …… 86

2 特別条項付き36協定
月45時間を超える時は特別条項を結ぶ …… 88

3 変形労働時間制の種類
変形労働時間制なら1日8時間を超えて働ける …… 90

4 1カ月単位の変形労働時間制
  月末に業務が集中する時の働き方 ……………………… 92

5 1年単位の変形労働時間制
  季節ごとに業務が集中する時の働き方 ………………… 94

6 フレックスタイム制
  従業員が働く時間を選択できる …………………………… 96

7 事業場外みなし労働時間制
  外回りの多い営業マンの労働時間 ………………………… 98

8 裁量労働時間制
  仕事のやり方・労働時間を従業員が決める …………… 100

6章 けがや災害の防止とメンタルヘルス対策

1 労災保険
  仕事中・通勤のけがをカバーする ……………………… 104

2 過重労働による健康障害の防止
  80時間を超える残業に注意する ………………………… 108

3 精神疾患の労災認定基準
  今、職場に増えつつある心の病 ………………………… 110

4 休職期間中の会社の対応
  心の病で休職期間中の対応・ルールについて ………… 112

5 休職期間終了後の対応
  休職期間が終わった後 …………………………………… 116

7章 育児・介護のルール

1. 産前産後の休業
   出産後8週間は働かせてはならない ……………………… 120
2. 妊産婦への配慮
   妊娠中・産後1年未満の女性の労働時間は制限される …… 122
3. 育児休業
   1歳未満の子を養育するための休業 ……………………… 124
4. パパ・ママ育休プラス
   子が1歳2カ月になるまで取得できる育児休業 …………… 126
5. 介護休業
   家族の介護のために93日間休める ……………………… 128
6. 育児介護休業法の諸規定
   育児・介護中の残業は制限される ………………………… 130

8章 退職のルール

1. 退職の意思表示
   会社が認めなければ退職願の撤回はできない …………… 136
2. 期間満了退職と雇止め
   契約更新しない時は予告が必要 ………………………… 138
3. 出向・配置転換
   出向や配置転換で人材活用する ………………………… 140
4. 退職証明書
   請求されたら退職の理由を記載した書面を渡さなければならない … 142
5. 雇用保険・社会保険
   退職時の保険の手続き …………………………………… 144

6 継続雇用制度
　定年後、65歳・70歳まで働く ……………………………… 146

7 従業員の競業避止義務
　ライバル会社への転職を防止 ……………………………… 148

9章 解雇のルール

1 解雇
　解雇には合理性・妥当性が必要 …………………………… 152

2 懲戒処分・懲戒解雇
　懲戒解雇には重大な理由が必要 …………………………… 156

3 普通解雇
　就業規則の解雇理由に該当しなければ普通解雇できない …… 160

4 整理解雇の4要件
　人員削減する時には回避努力が必要 ……………………… 162

5 解雇予告と解雇予告手当
　解雇には30日以上前の予告が必要 ………………………… 164

6 解雇制限
　仕事中のけがで休んでいる時は解雇できない …………… 168

7 解雇トラブルの回避
　解雇通知は書面で確実に伝える …………………………… 170

Q&A編

1. 採用内定を会社の都合で取消すことはできますか？ …… 174
2. 「身元保証書」って、必ず取るべきものですか？ …… 176
3. 学歴・職歴を偽って入社した社員を解雇できますか？ …… 178
4. 外国人を雇いました。注意することはありますか？ …… 180
5. 試用期間の延長はできますか？ …… 182
6. 試用期間中に能力不足が判明！ 解雇できますか？ …… 184
7. 「営業職は男性のみ」とするのは違法ですか？ …… 186
8. 営業として入社した社員を製造部門に回せますか？ …… 188
9. 社員の事情で転勤を拒むことはできますか？ …… 190
10. 出向を拒否された！ どうすれば有効な命令になりますか？ …… 192
11. 今日で退職したい！ 突然の申し出を拒否できますか？ …… 194
12. 退職願を出した翌日に退職の撤回。認められますか？ …… 196
13. 超多忙な日の有休請求にNOと言えますか？ …… 198
14. 会社の都合で休業とした日の有休の請求は拒めますか？ …… 200
15. 遅刻をして出社後、時間単位の有給休暇の請求は拒めますか？ …… 202
16. 退職時の有休の請求に時季変更権は行使できますか？ …… 204
17. 残業を拒否した社員を処分することはできますか？ …… 206
18. 社員が自らした残業！ 残業代の支払いは必要ですか？ …… 208
19. 業績不振による給料の引き下げは可能ですか？ …… 210
20. 健康診断書の提出指示はプライバシーの侵害ですか？ …… 212
21. 仕事が原因でうつ病！ 会社の責任を問われますか？ …… 214
22. うつ病を認めない従業員に休職命令はできますか？ …… 216
23. 入社後にうつ病が判明した社員を解雇できますか？ …… 218
24. 休職を繰り返す従業員にどう対応すればいいでしょうか？ …… 220
25. 過労死の判断基準は？ …… 222
26. 行方不明になった従業員を退職させることはできますか？ …… 224

27 いじめやパワハラが労災認定の原因となりますか？ ……… 226
28 厳しい従業員教育・指導！ パワハラになりますか？ ……… 228
29 セクハラをされたと苦情がきました。どこからがセクハラになるのでしょうか？ … 230
30 パート社員の雇用期間に上限はありますか？ ……… 232
31 更新を重ねたパート従業員の雇止めはできますか？ ……… 234
32 育児休業前後の勤務場所は異なってもいいですか？ ……… 236
33 妊娠に伴う退職の勧奨！ 不利益の扱いになりますか？ ……… 238
34 退職後、在社期間の賞与を支払わなければならないでしょうか？ ……… 240
35 顧客名簿を手みやげに転職！ 懲戒処分できますか？ ……… 242
36 ライバル会社に転職！ 退職金を全額カットできますか？ ……… 244
37 社費で資格取得後すぐに退職！ 費用を請求できますか？ ……… 246
38 タイムカードを不正に打刻！ 関係者を処分できますか？ ……… 248
39 仕事中の私的メールをすべて禁止して問題ないですか？ ……… 250
40 会社の備品を持ち帰る従業員を解雇できますか？ ……… 252
41 遅刻常習犯の従業員を解雇できますか？ ……… 254
42 内緒で副業している社員を懲戒解雇できますか？ ……… 256
43 営業成績の悪い社員を解雇できますか？ ……… 258
44 業務外で飲酒して交通事故！ 懲戒解雇できますか？ ……… 260
45 退職願を受理後、解雇と主張されたのですが…… ……… 262
46 経営不振を理由に解雇することは不当なのですか？ ……… 264
47 組合から団体交渉の申し入れ！ 応じるべきですか？ ……… 266

カバーデザイン　三枝未央
本文デザイン・DTP　ジャパンスタイルデザイン／エムツーデザイン

こんなときどうする？を解決する安心知識
労働基準法と労使トラブルQ&A

法律知識 編

1章 会社のルール

2章 募集・採用のルール

3章 給与のルール

4章 労働時間・休憩・休日のルール

5章 残業と労働時間のルール

6章 けがや災害の防止と
メンタルヘルス対策

7章 育児・介護のルール

8章 退職のルール

9章 解雇のルール

1章 会社のルール

1 労働に関する法律
人を雇用する会社が守らなければならない労働法

2 労働者・使用者の定義
労働基準法が適用される労働者とは？

3 就業規則・雇用契約書の役割
就業規則・雇用契約書でトラブルを防ぐ

4 労使協定
労使協定を結べば労働時間を延長できる

5 労働基準監督署
法律違反のおそれがあると労働基準監督署が調査に来る

法律知識編　1章　会社のルール

1 労働に関する法律
人を雇用する会社が守らなければならない労働法

労働基準法、労働安全衛生法、最低賃金法、労働契約法、パート労働法など多くの法律で従業員は守られていて、中でも基本となるのが労働基準法です。

総務の仕事、ここに注意

労働基準法などの労働法は、毎年のように何らかの改正がありますので、常に最新情報を収集・確認しておくことが大切です。

CHECK
労働法は正社員だけでなく、パートタイマー、アルバイト、外国人など日本国内で働く人全員が対象となります。

■ 労働法は労働者を守る法律

　労働法とはどんなものか、ご存じでしょうか？　ひと言で言えば「従業員を守るための法律」で、従業員を雇用するときに、会社が守らなければならない法律です。

　会社が従業員を雇用する際には労働契約を結びます。契約ですから、基本的には会社と従業員の間で自由に締結できるものですが、雇用される側である従業員が交渉する上で不利になりがちです。そこで、従業員の権利を守るために定められた法律が労働法です。

　ただ、労働法という名前の法律があるわけではありません。さまざまな労働問題に関する法律をひとまとめにして「労働法」と呼んでいます。

　たとえば、労働基準法、最低賃金法などによって、従業員の労働時間や最低賃金など、**労働条件の最低基準が定められています**。これらは労働条件の基準に関する法律ともいわれ、正社員、パートタイマー、外国人など日本国内のすべての労働者が法の対象になります。会社は法の基準を守るとともに、さらに労働条件の改善向上に努めなければなりません。

　「賃金、就業時間、休息その他の労働条件に関する基準は、

会社が守るべき法律 主な労働法

個別的労働法・労働保護法
<目的:労働条件の保護>

- **労働基準法**：従業員の最低限の労働条件に関する法律
- **労働契約法**：労働契約の成立から終了までの基本の法律
- **労働者災害補償保険法**：業務中、通勤時のケガや病気に関する法律
- **最低賃金法**：従業員の賃金最低額を保障する法律
- **労働安全衛生法**：従業員の職場での安全と健康に関する法律
- **男女雇用機会均等法**：男女の均等な待遇と女性従業員の保護
- **育児・介護休業法**：育児や介護をする従業員の休日・休暇に関する法律
- **パートタイム労働法**：パートタイム従業員の待遇に関する法律

など

個別的労働法・雇用保障法
<目的:雇用の確保>

- **雇用保険法**：会社を退職した後の再就職活動中の従業員を支援する法律
- **職業安定法**：ハローワークなどでの従業員募集などに関する法律
- **労働者派遣法**：派遣社員の雇用に関する法律
- **雇用対策法**：従業員の募集・採用、外国人雇用に関する法律
- **高年齢者等雇用安定法**：60歳以上の従業員の雇用に関する法律
- **障害者雇用促進法**：障害者の雇用に関する法律

など

集団的労働法・団結法
<目的:団結の保障>

- **労働組合法**：労働組合に関する法律
- **労働関係調整法**：会社と従業員の紛争に関する法律

など

1章 会社のルール

法律でこれを定める」(憲法第27条2項)を具体化したものが労働基準法(労基法)・最低賃金法・労働安全衛生法等であり、労働基準法はその中心となるものです。この法律はほとんどが罰則付きで、**労基法違反には刑罰の適用があります**。本書では、労働法の根幹となる労働基準法を中心に、労働時間、賃金など重要な労働条件の基準について詳しく解説しています。

■ 労働契約法

労働基準法が「労働条件の最低基準を定めるもの」であるのに対して、労働契約法は「労働契約をめぐる権利義務のルール」を示したものです。これまで、労働紛争を解決するため裁判例によって多くの法的ルールが設定されてきました。その中で重要なものが労働契約法として立法化されました。

たとえば、会社が従業員の賃金などの労働条件を変更するときには、会社と従業員の間で合意されることが必要となります(労働契約法第8条)。

会社側が提示する労働条件及び労働契約の内容について従業員の理解を深めるようにし、会社と従業員の間で労働契約の内容は、できる限り書面により確認するものと定められています。

■ 労働安全衛生法

労働安全衛生法では、従業員の労災事故防止のための「安全衛生管理体制と安全衛生の基準」、また安全衛生対策として、「安全衛生教育、健康診断の必要事項」を示し、快適な職場環境の実現と労働条件の改善を通じて従業員の安全と健康を確保することを目的にしています。

■ 育児・介護休業法

育児・介護休業法は、従業員の育児休業・介護休業など

> **重要**
> 法律に違反するのは会社だけではなく、従業員が違反行為をすることもあります。この場合、従業員だけが処罰されるのでなく、事業主である法人または個人も処罰を受けます。これを「両罰規定」と言います。

> **メモ**
> 労働契約法は労働基準法と違って、違反しても労働基準監督官から指導や勧告されることはありません。また、行政上の罰則もありませんが、民事上の訴訟では不利になります。

さまざまな法律で労働者は守られている

について定めています。その権利は、女性従業員だけでなく男性従業員に対しても保障されています。なお、平成24年7月1日からは、従業員数に関係なくすべての会社が対象となりました。会社は就業規則などに「短時間勤務制度」などの制度を記載し、従業員に知らせる必要があります。

■ パートタイム労働法

　パートタイム労働法では、パートタイム従業員の労働条件の確保、雇用管理の改善、通常の従業員への転換、職業能力の開発及び向上などにより通常の従業員と均衡の取れた待遇を確保することが定められています。事業主に対して、次の項目が義務づけられました。①雇用時に「昇給の有無」、「退職手当の有無」、「昇給の有無」、「相談窓口」を文章で明示すること。②雇い入れの際、講ずる雇用管理の改善措置の内容（賃金制度の内容等）を説明すること。③雇用後待遇について説明を求められた場合は、待遇の決定にあたって考慮した事項を説明すること。④パートタイム従業員からの相談に対応するための相談窓口をもうけること。⑤すべてのパートタイム従業員の待遇について、正社員との相違は職務の内容、人材活用のしくみ、その他の事情を考慮して、不合理と認められるものであってはならない。⑥パートタイム従業員から通常の従業員への転換を推進する措置をとること。⑦パートタイム従業員からの苦情の申出に対して自主的な解決の努力をすること。

2 労働者・使用者の定義
労働基準法が適用される労働者とは?

労働基準法の労働者は、職業の種類を問わず、法人や個人事業主に雇用され、賃金を支払われるものを指します。

総務の仕事、ここに注意
労働基準法では、管理監督者は労働者ではなく使用者となりますが、部長や課長などの肩書きだけで管理監督者に該当することにはなりません。

CHECK
労働基準法は同居の親族のみを使用する事業、社長宅のお手伝いさんのような家事使用人、一般職の国家公務員は適用除外です。一般職の地方公務員については一部の条文が適用除外。公務員でも現業職員には適用があります。

■ 労働基準法の適用範囲

労働基準法で守られる「労働者」とは、職業の種類を問わず、事業主に使用され、賃金を支払われる者を指します。労働者であるかどうかは、以下の要素を総合的に考慮して判断されます。

①**業務が事業主の指揮監督下にある**
②**勤務時間や勤務場所が事業主から指定されている**
③**給与に固定給部分がある**

といったことです。たとえば、複数の会社とその都度、請負契約を結んで報酬を得ている場合には労働者には該当しません。

一方、「使用者」というのは事業主ばかりでなく、会社の役員、管理監督者などの事業主と一体的な立場にある者があてはまります。使用者に対しては法律上の労働時間の制限を受けず、残業手当や休日出勤手当を支払う必要がありません。

ただし、管理監督者は部長や課長という社内の肩書きだけでは判断できません。労働基準法上の管理監督者に該当するかは、職務内容、責任と権限、勤務態様、報酬内容などの実態から総合的に判断されます。以下の要素にあては

労働基準法での労働者・使用者 (労基法第9、10条)

労働者

使用者に雇用され賃金を支払われる者

使用者

事業主、役員、管理監督者などの事業主と一体的な立場にある者

使用従属関係から総合判断
① 使用者の指揮命令の有無
② 時間的拘束の有無
③ 業務に関する拘束性の有無(断る自由があるか)
④ 事業者性の有無
⑤ 業務用器具の負担の有無

たとえば、委託契約や請負契約という名称であっても、使用従属関係が認められれば労基法・労災保険法の適用を受ける「労働者」です。

まるかが基準となります。
①自分の裁量で業務上の決定を下せる
②出社・退社時刻や勤務時間が制限を受けない
③他の労働者と比較してその地位に見合う高い給与になっている

　たとえば、従業員採用の決定権がなかったり、遅刻や早退をすると給与が減額されたりするようであれば管理監督者にはあてはまりません。
　なお、労働基準法上の管理監督者に該当すると、残業手当や休日出勤手当を支払う必要はありませんが、午後10時から午前5時まで働いたときには深夜割増手当を支払う必要があります。また有給休暇を取得する権利もあります。
　労働基準法は日本国内にある事業所すべてに適用され、外資系企業も一律に適用になります。

3 就業規則・雇用契約書の役割
就業規則・雇用契約書でトラブルを防ぐ

就業規則は会社の法律にあたります。会社の実態にあった内容の就業規則にすることで会社をトラブルから回避させることができます。

総務の仕事、ここに注意

就業規則は会社のルールです。10人未満の会社には届出義務はありませんが、トラブルを防ぐためには、就業規則を作成しておくことが望ましいでしょう。

!重要
パートタイマーなど賃金や労働時間などの労働条件が異なる従業員が在籍している場合には就業規則で適用される従業員の範囲を明確にしておかないと、正社員用の就業規則がパートタイマーにも適用されることがあります。トラブル防止のために正社員用の就業規則だけでなく、パートタイム用の就業規則を作成しておくことが有効です。

!重要
従業員数は企業全体の人数ではなく、営業所ごとの人数です。たとえば、企業全体で従業員数が15人いても本店に8人、営業所に7人であれば就業規則の届出義務はありません

■就業規則は会社のルールブック

　労働基準法などの労働法が国の法律であるのに対して、就業規則は会社の法律のようなものです。

　就業規則には、従業員の賃金、労働時間、休日などの労働条件、社内の規律など会社独自のルールが盛り込まれています。会社ごとに労働条件は異なるので、あらかじめルールを文書化しておかないと、従業員との間でトラブルが生じる原因になることがあります。

　就業規則で決められたルールが労働基準法の基準を下回る場合、労働基準法の基準が適用されます。たとえば、就業規則で有給休暇を認めないと記載しても、労働基準法で決められた有給休暇を従業員は会社に請求することができます。

■就業規則の作成

　正社員だけでなく、パートなども含めて、常時10人以上の従業員を雇用する事業場では、就業規則を作成し、会社を管轄している労働基準監督署に届出をしなければなりません（労基法第89条）。

　就業規則を作成する場合、記載しなければならない事項が決まっています。

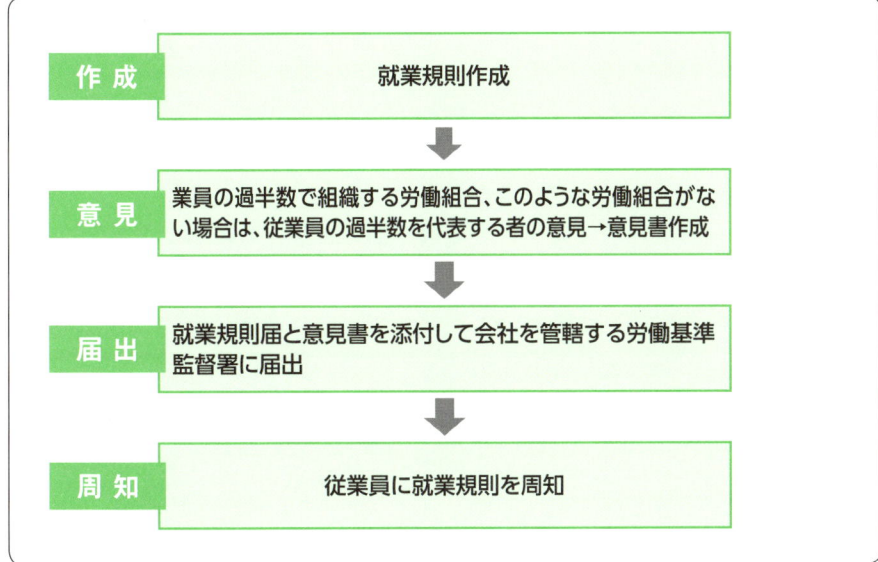

①絶対的記載事項
　始業及び終業の時刻、休憩時間、休日、休暇、交替勤務をさせる場合の就業転換時に関する事項、賃金及び退職に関する事項（解雇の事由を含む）
②相対的記載事項（定めがある場合には記載しなければならない事項）
　退職手当、臨時の賃金・最低賃金、食事・作業用品などの負担、安全衛生、職業訓練、災害補償・業務外傷病扶助、表彰・制裁、その他事業場の労働者すべてに適用される事項
③任意的記載事項
　会社が任意に記載できるもので、社是、社訓、就業規則の目的、労働者の心得などがあります。

■ 就業規則作成・変更の手順
①就業規則を作成・変更するときは、従業員の過半数で決められた代表者から意見を聴き、意見書を作成します（労基法第90条）。同意を得る必要はなく、反対意見でも構いません。
　過半数代表者とは、労働者の過半数を代表する労働組合、労働組合がない

場合には、投票や挙手などで従業員の過半数が選んだ代表者となります。

従業員の代表者は意見書に就業規則についての意見を書き、職名、氏名を記載し捺印をします。

②届出　労働者代表の意見書と就業規則届の原本とそのコピーを1部、就業規則及び付属規程の原本とそのコピーを1部添付して、労働基準監督署に届出します。

③周知　**会社は、就業規則を全従業員に周知する義務があります**（労基法第106条）。

周知する場合、事業場の見やすい場所に備付け、書面の交付やパソコンで常時見られるようにするなどの方法があります。

従業員に周知されていない場合、就業規則を作成していてもその効力は発生しません。なお、従業員に周知していれば、従業員が就業規則の内容を見ていなくても、就業規則の効力は発生します。

■ 雇用契約書の作成

就業規則は会社全体のルールを定めたものですが、それだけでなく会社は従業員の雇入れ時に賃金などの個別の労働条件を明記した書面（労働条件通知書）を交付することが義務づけられています（38ページ参照）。ただ、書面を交付しただけでは、後日、労働条件通知書を受領していないと従業員が主張することも考えられます。雇用条件で「言った、言っていない」というトラブルを防止するには、会社と従業員双方が署名・捺印する雇用契約書を取り交わすのも有効な対策法です。

CHECK
就業規則がある場所を従業員に知らせ、いつでも見られるようにすれば、就業規則を従業員に配布する必要はありません。

メモ
就業規則を上回る労働条件が個別に合意されていたときはそちらが優先されます。
個別に従業員と労働契約を結んでも、その内容が就業規則の労働条件を下回る場合には、その下回る部分については無効になり、就業規則の労働条件が適用されます。

重要
就業規則を変更することにより、労働者の不利益になるような労働条件に変更することは原則として認められません。
しかし使用者が変更後の就業規則の内容が、合理的であり、かつ労働者に周知させていた場合には、変更が認められます。

雇用契約書（期間の定めのある雇用向け）

契約社員・パートタイマー労働条件通知書兼雇用契約書

氏名	フリガナ	生年月日 昭和　年　月　日生れ
現住所	〒　　　　　　　　　　　　　　　　　　TEL（　　）　－	
期間の定め	期間の定め　　有　　　　無	
契約期間	平成　年　月　日～平成　年　月　日まで	
就業の場所		
仕事の内容		
就業の時間	午前　　時　　分～午後　　時　　分まで	
休憩の時間	午後　　時　　分～午後　　時　　分まで	
休日		
休暇	有給休暇 半年継続勤務後 10 日または労働基準法に定められた比例付与日数	
賃金		
手当		
賃金の支払	毎月1回　日締切りで　日　全額を本人に通貨で支払う ただし、本人の同意がある場合は、本人名義の金融機関口座へ振り込む	
賃金の改定	有（　　月分給与より改定予定）　　無	
賞与の有無	有（　　月　　日支給予定）　　無	
退職に関する事項	1 定年制　　（　有　　　　　　歳）　無 2 解雇の事由 3 退職金の有無（　有　　　　　無）	
契約住所	有　　　無 1 更新する場合がある。 2 契約更新はしない。	
契約更新の判断基準	1 契約期間満了時の業務量により判断する。 2 勤務成績・勤務態度等により判断する。 3 職務能力・職務知識等、担当業務の進捗状況により判断する。 4 会社の経営状況、労働者の過不足等により判断する。	
その他	雇用開始から3カ月を試用期間とする。試用期間中に引き続き雇用することが不適切であると判断される場合は、試用期間終了をもって雇用契約解除とする。なお、雇い入れ後14日を経過後である場合は、30日以上前に予告、または予告手当を支払う。 雇用管理の改善等に関する事項に係る相談窓口 部署名：　　　　　担当者：　　　　　　（連絡先　　　　　　　　）	

平成　年　月　日
○○○株式会社
□□□□□様

　　　　　　　　　　上記、労働条件を確認し、雇用契約をします。

　　　　　　　　　　　　　○○○株式会社
　　　　　　　　　　　　　代表取締役　　　　□□□　□□□　　　㊞

　　　　　　　　　　　　　契約社員・パートタイマー名　　　　　　㊞

※「期間の定めのない雇用」の場合の雇用契約書は、本書ホームページ（http://koredeanshin.com）よりダウンロードしてください

4 労使協定

労使協定を結べば
労働時間を延長できる

労働者に1日8時間を超えて仕事をさせることは労働基準法に違反になりますが、使用者と労働者が労使協定を結ぶことで合法化されます。

総務の仕事、ここに注意

労働基準監督署に届出する労使協定と、届出しない労使協定がありますので、届出が必要な労使協定の届出漏れがないように管理する必要があります。

CHECK
労使協定は事業場を単位として締結されますので、複数の事業場がある場合は、それぞれで結ぶことが必要です。それに各事業場に備え付けておく義務があります。

■労使協定は会社と従業員との重要な約束事

労使協定は、労働条件などについて使用者と労働者の過半数で構成される労働組合または労働者の過半数を代表する代表者との間で結ばれた文書です。**労使協定を締結する効果は、労働基準法などの法令違反になる事項が適法となる**ことです。代表的な労使協定として、「**時間外労働・休日労働に関する協定届**」(「36協定」)があります。労働者に残業をさせたい場合、就業規則に時間外労働の条件を記載しただけで労働者を残業させると、労働基準法違反となります。そこで労使協定を締結し、労働基準監督署へ届出することによって、使用者は労働基準法違反に問われることがなくなり、合法的に労働者に残業をさせることができるようになります。ただし、労使協定を締結すれば、すべての事項が適法になるのではなく、あらかじめ法律で労使協定ができる事項は決められています(右表を参照)。それ以外は労使協定をしても労働基準法違反に問われます。

なお、労使協定には労働基準監督署への届出義務がある労使協定と届出義務がない労使協定があります。届出義務がある労使協定については、届出漏れのないよう有効期間を管理しておく必要があります。

主な労使協定

監督署への届出	協定名	目　的
必　要	①時間外労働及び休日労働に関する労使協定書（36協定）	労働者を残業させたり、休日出勤させたりする
	②1年単位の変形労働時間制に関する労使協定書	業務の繁閑に応じた労働時間制を導入する
	③1ヵ月単位の変形労働時間制に関する労使協定書	業務の繁閑に応じた労働時間制を導入する
	④事業場外労働のみなし労働時間制に関する協定書	実際の労働時間に関係なく協定で定めた時間だけ働いたとみなす
	⑤専門業務型裁量労働制に関する協定	実際の労働時間に関係なく協定で定めた時間だけ働いたとみなす
不　要	①育児・介護休業等に関する労使協定書	育児・介護休業の適用除外者を設定する
	②継続雇用制度の基準等に関する協定書	定年退職後に継続雇用する労働者の基準を設定する
	③フレックスタイム制に関する協定	労働者が始業・終業の時刻を決める
	④賃金控除に関する協定	生命保険料や旅行積立金などを労働者の賃金から控除する
	⑤年次有給休暇の計画的付与に関する協定	5日を超える部分の有給休暇の取得日を会社が指定する
	⑥時間単位の有給休暇	5日の範囲内で時間単位で有給休暇を与えることができる

■労使協定の締結

　締結当事者である使用者は、社長の他、支店長、工場長など事業場の責任者でもかまいません。労働者側の当事者は、まずは事業場の労働者の過半数を代表する労働組合ですが、過半数組合がない場合の労働者の過半数代表者については公正、慎重な選出が必要です。管理監督者以外の労働者で、労働者の投票・挙手などの方法で選出されるべきことが要件になっています。

5 労働基準監督署
法律違反のおそれがあると労働基準監督署が調査に来る

従業員やその家族から労働基準監督署への相談、労災事故、定期的な調査により、労働基準監督署の調査が会社に入ることがあります。

総務の仕事、ここに注意

労働基準監督署が調査に入ると、帳簿書類などの提出を求められますので、対応できるように書類の整備を普段からしておくことが重要です。

> **メモ**
> 是正勧告そのものは「違反事項を改善してください」という行政指導ですので、従わなくても強制されたり、すぐに罰則が課されるわけではありません。しかし、是正・改善もしないときは、悪質として書類送検されて、刑事事件で起訴されることも考えられます。

■ 労働基準監督署の調査

従業員からの相談がきっかけで労働基準監督署が会社に調査に入ることがあります。たとえば、従業員が「会社が残業代を払ってくれない」と労働基準監督署に相談にいき、事実確認のために調査されるというケースです。その場合、労働基準監督署に呼び出されたり、労働基準監督官が会社に直接来たりすることがあります。従業員からの相談で多いのは「解雇」「いじめ・嫌がらせ」「労働条件の引下げ」といったものです。

労働基準監督官には行政監督権限があります。事業場や附属建物を調査し、帳簿や書類の提出を求めることができます（労基法第101条）。確認される主な書類は、①労働者名簿②賃金台帳③出勤簿（タイムカード）④時間外及び休日労働に係る協定届（36協定）⑤労働条件通知書（雇用契約書）⑥就業規則及び附属規程⑦健康診断実施記録⑧年次有給休暇取得記録簿などです。

調査の主なポイントは以下の点です。
①労働時間の適正な把握と管理
②時間外手当の支給が正しく行なわれているか
③就業規則、労使協定は適切に結ばれているか

労働基準監督署による調査の種類

労働基準監督官は、刑事訴訟法に基づく司法警察官としての権限を与えられています。書類送検・捜査権・逮捕権を持っています。

1 定期監督
労働基準監督署が行政方針を策定して計画に基づき、定期的に任意の事業場を選んで行なわれます。

2 災害調査・災害時監督
事業場で労働災害や火災などが起きたときに実態を確認して原因究明や再発防止のために行なわれます。

3 申告監督
従業員やその家族などからの法令違反の申告によって行なわれます。事業主を労働基準監督署に出頭させる場合もあります。

4 再監督
定期監督などの後で、法令違反や指導事項が実際に改善されたかどうか確認のために再度行なわれるものです。

労働基準監督署

④**長時間労働による過重労働や健康障害の防止措置**がとられているか

■ 是正勧告など

　労働基準監督による調査によって法令違反があると認められた場合は、労働基準監督官から違反条文・違反事項と是正期日を記した「**是正勧告書**」が使用者に対して交付されます。

　労働基準法などに直接違反はしていないものの、改善すべき事項があった場合は「指導票」が使用者に交付されます。

　設備などに安全上の不備があり、労働災害の発生の危険があり緊急対応が必要なものは「使用停止等命令書」が交付されます。これは行政処分ですので前の2つと違い、この命令に従わないと罰則の適用もあります。

　これらの書面を交付された事業主は「是正報告書」を提出して、期日までに是正・改善したことを報告します。

　もし、期日までに提出できない時は、労働基準監督署に提出期日の延長を相談してみましょう。

2章 募集・採用のルール

1 募集・採用の基本
年齢制限・男女の区別をしてはならない

2 人材活用の注意点
高齢者・障害者・外国人の雇用

3 労働条件の明示
労働時間、賃金等の条件を労働条件通知書で伝える

4 有期労働契約の労働条件
パート・アルバイト・契約社員との契約は原則3年

5 試用期間と内定
試用期間は自由に定めることができる

法律知識編　2章　募集・採用のルール

1 募集・採用の基本
年齢制限・男女の区別をしてはならない

募集・採用は適性や能力を基準に判断するものです。
面接で触れてはいけないことや、設けてはいけない制限があります。

総務の仕事、ここに注意

求人募集で年齢制限を設ける際には、職務経験を不問にしなければなりません。例外として実務経験を問わない資格であれば、募集要件として認められます。

メモ

採用の際に年齢制限できる例外には、以下のものもあります。
①技能・ノウハウを継承するために、30～49歳の方を採用するとき。
②60歳以上の高年齢者を上限年齢なしで採用するとき。
③芸術・芸能の分野で、演劇の子役などを採用するとき。

POINT

性別による差別的な取扱いの例外
女性労働者が男性労働者と比較して、相当程度少ない職務または役職に、男女間格差を解消する目的で女性を有利に取り扱うことは法令違反ではありません（187ページ参照）。

■ 採用選考でしてはならないこと

厚生労働省は、採用選考するにあたって応募者の基本的人権を尊重しながら、適性・能力のみを基準として選考することを求めています。

具体的には以下のような点に配慮しましょう。

①家庭状況や生活環境といった、応募者の適性・能力とは関係のない事柄で採否を決定しないこと
②個人情報保護の観点から、国籍、信条、性別、社会的身分、労働組合の組合員であること等を理由とする情報は収集しないこと
③あらかじめ質問事項や評価基準を決めて、適性・能力に関係のない事項を尋ねないこと
④面接で、本籍や家族の職業、健康状態、地位、学歴、収入などの質問をしないこと
⑤身元調査や、書類選考の時点での健康診断などの実施を避けること

■ 年齢制限を設けてはならない

「年齢にかかわりなく均等な雇用の機会を」というキャッチフレーズで、雇用対策法が施行されました。それ以降、募集条件や、求人広告の年齢条件が厳しくなり、**基本的に**

年齢制限が認められる例

「35歳未満の方を募集（職務経験を不問とする）」　〇
「35歳未満の方を募集（簿記2級以上）」　〇
※実務経験を求める資格でなければ、免許や資格を定めても構いません。

年齢制限が認められない例

職務経験をつけている場合	「40歳未満の方を募集（～～業務の経験のある方）」	×
下限年齢をつけている場合	「20歳以上40歳未満の方を募集」	×
有期労働契約の場合	「40歳未満の方を募集（契約期間が6カ月など）」	×

は年齢制限を設けた求人活動をすることはできません。ただし、「年齢制限できる例外」があります。たとえば、若い年齢の方を対象に、今後の会社でのキャリアを充実させることを目的に、期間の定めのない契約をする場合は上限年齢をつけることが認められます。その際に必要な条件は、以下の2つです。
①職務経験を不問とする
②新卒者の待遇（教育訓練、配置、処遇など）とおおむね同一であること（賃金が新卒者と完全に一致するという趣旨ではありません）

■ 男女の募集・採用について

　男女雇用機会均等法は、以下のような**募集・採用で性別による理由等、差別的な扱いを禁止しています。**
①男女のいずれかのみを募集・採用すること
②男女で募集・採用の条件が異なること
③求人内容の情報提供や会社説明会の内容で男女の違いがあること
④男女いずれかを優先すること
⑤選考の方法・基準が男女で異なること
　また、合理的な理由がない場合には、身長や体重、体力などを理由として差別をしてはいけません。

法律知識編　2章　募集・採用のルール

2 人材活用の注意点
高齢者・障害者・外国人の雇用

就業形態が多様化しています。外国人をはじめ高齢者や障害者が働ける環境を整えるにあたり、法律をしっかり押さえることが必須です。

総務の仕事、ここに注意

留学や短期滞在などの就労が認められない在留資格で滞在している外国人は就労できません。不法就労となり強制的に退去させられます。

メモ
不法就労の外国人を雇用した事業主や、不法就労となる外国人をあっせんした者は、入管法第73条の2により3年以下の懲役又は300万円以下の罰金に処せられます。派遣業であれば許可の取り消し事由になるので注意が必要です。

メモ
法定雇用障害者数を超えている場合は、超過人数1人につき、1カ月あたり2万7,000円支給されます（障害者雇用調整金）。

■ 外国人の雇用

外国人を採用する場合には、パスポートで在留資格や在留期間、国籍などを確認します。90日以上国内に滞在する場合には外国人登録証明書が必要になるため、併せて確認しましょう。

在留資格の中で就労が認められている業種が17種類あります。就労が認められていない在留資格は6種類ありますが、このうち留学、就学、家族滞在の場合でアルバイトを行なう場合には、入国管理局から資格外活動の許可を受けることで働くことができます。

なお、就労活動に制限がない在留資格は、永住者、日本人の配偶者、永住者の配偶者、定住者の4種類で、期間中であれば制限なく働くことができます。

また、外国人労働者は、日本人と同様に働き始めたときから雇用保険や労災保険、健康保険が適用されます。

■ 高齢者の雇用

高齢者については、働く意欲や健康状態に注意しながら、フルタイムで働くのか、嘱託やパートタイマーやアルバイトなどの雇用契約で働くのかを本人の希望も含めて話し合いましょう。

> **外国人の就労が認められている在留資格17種類**
>
> 外交、公用、教授、芸術、宗教、報道、投資・経営、法律・会計業務、医療、研究、教育、技術、人文知識・国際業務、企業内転勤、興行、技能、特定活動
>
> **外国人の就労が認められない在留資格6種類**
>
> 文化活動、短期滞在、留学、就学、研究、家族滞在
> ※留学、就学、家族滞在の場合でアルバイトを行なう場合には、資格外活動の許可を受ければ働くことができます。
>
> **外国人の就労活動に制限がない在留資格4種類**
>
> 永住者、日本人の配偶者、永住者の配偶者、定住者

　60歳を超えていて年金をもらいながら働く場合には、在職老齢年金による年金の減額と雇用保険の高年齢雇用継続給付との関係から、年金と賃金とを合わせた金額が最大限になるように考慮してあげることも大切です。

■ **障害者の雇用**

　「障害者の雇用の促進等に関する法律」によって、会社は雇用する従業員数の2％に相当する障害者（身体障害、知的障害、精神障害を含む）を雇用する義務があります。週30時間未満の短時間労働者も障害者として数えることができます。

　2％を人数に置き換えると、従業員50人以上の会社には1人の障害者を雇用する義務が発生することになります。

　障害者雇用率2％に満たない会社（従業員101人以上）は、障害者雇用納付金（1人不足ごとに月額5万円）が徴収されることになります。

　従業員101人以上200人以下の会社だと、不足する障害者1人について4万円の障害者雇用納付金が徴収されます（障害者雇用納付金の減額特例）。

3 労働条件の明示
労働時間、賃金等の条件を労働条件通知書で伝える

労働契約を結ぶにあたり、仕事の内容や就業時間、賃金などの条件についてはっきりと明示することが義務づけられています。

総務の仕事、ここに注意
労働条件は明示しなければなりませんが、「必ず明示すべき事項」と「定めがある場合のみ明示する事項」があります。

> **メモ**
> 実際の採用条件と求人広告の労働条件とが異なっていることがあります。
> そのような場合は、採用する際に新たな労働条件を提示し、従業員がその条件を承諾すれば問題ありません。

> **CHECK**
> 法律上は労働条件通知書で会社が一方的に通知することで十分です。
> 雇用契約書（26ページ参照）を交わすことまで義務づけられているわけではありませんが、雇用契約書なら双方が記名押印するので契約内容を確認したことが明確になり、当事者間のトラブルはより少なくなるでしょう。

■ 労働条件の明示

　会社が従業員と労働契約を締結する際には、従業員に対して賃金、労働時間その他の労働条件を明示しなければなりません。また、賃金及び労働時間に関する事項を書面に記載して交付するよう定められています（労基法15条）。

　新規採用の時だけでなく、転籍、定年後の再雇用や、労働条件が大きく変更となり、本人の同意を得る必要があるような場合にも労働条件を交付し、トラブルを防ぐようにしましょう。

■ 絶対的明示事項・相対的明示事項

　労働条件の明示には、絶対的明示事項と相対的明示事項があります。**絶対的明示事項は、就業規則や労働条件通知書に必ず記載して、書面によって従業員に明示しなければいけません。**例外的に、昇給については書面で明示しなくても口頭で伝えることができます。

　これに対して相対的明示事項は、規則を定めた場合には従業員に明示しなければなりません。相対的明示事項は書面でなくても、口頭で伝えることができます。

■ 労働条件に違いがある場合

　もしも会社で実際に働き始めてから、明示された労働条

> **絶対に明示する事項**(④の昇給以外は書面の交付が必要)
>
> ①労働契約の期間、②就業場所、従事すべき業務内容、③始業・終業時刻、所定労働時間を超える労働の有無、休憩時間、休日、休暇、交替勤務をさせる場合は就業時転換に関する事項、④賃金の決定、計算・支払いの方法、賃金の締切り・支払いの時期、昇給、⑤退職に関する事項(解雇の事由を含む)
>
> **定めをする場合は明示する事項**(口頭で伝えても構わない)
>
> ⑥退職手当が適用される従業員の範囲、退職手当の決定、計算・支払いの方法、退職手当の支払いの時期、⑦臨時に支払われる賃金、賞与及び最低賃金、⑧従業員に負担させる食費、作業用品代その他、⑨安全・衛生、⑩職業訓練、⑪災害補償、業務外の傷病扶助、⑫表彰、制裁、⑬休職

件が労働条件通知書に記載された内容と異なるときは、従業員は即時にその労働契約を解除できます（労基法第15条２）。

明示義務違反に対しては、罰金が科せられます。

さらに、労働契約を解除したときに、この従業員が働くためにすでに住居を変更していて、この契約解除の日から14日以内に帰郷する場合には、使用者は帰郷に必要な旅費を負担しなければなりません。

■ 労働条件通知書の様式

労働条件通知書や雇用契約書は、必要事項（絶対的明示事項・相対的明示事項）が記載されていれば、どんな書面の様式でも構いません。労働局のホームページなどで雛形（サンプル）が用意されていますので、参考にするといいでしょう。

■ その他の禁止事項

労働契約に際して、違約金を定めたり損害賠償の金額を定めること、社内預金や通帳の保管を強制したりすることは禁止されています。

また、賃金の前借りに対してその後の賃金との相殺も禁止事項です。

4 有期労働契約の労働条件
パート・アルバイト・契約社員との契約は原則3年

パートタイマー・アルバイト・契約社員の労働条件についても、契約期間や更新の有無についてはっきり明示しましょう。

総務の仕事、ここに注意

有期労働契約は、原則3年を超える期間の契約はできませんが、専門的な業務や60歳以上の従業員などの例外が認められています。

CHECK

使用者は、従業員の退職又は死亡の場合において、権利者の請求があった場合には、7日以内に賃金を支払い、積立金、貯蓄金その他名称の如何を問わず、従業員の権利に属する金品を返還しなければならない。
争いがある場合には異議のない部分を7日以内に支払い、又は返還しなければならない。
労基法23条（正社員・パート共通）

■雇用契約の期間

　パートタイマー、アルバイト、契約社員などの有期労働契約の場合も、一般従業員の労働条件に加えて「昇給の有無」「退職手当の有無」「賞与の有無」の3つを書面で渡して労働条件を明示しなければなりません。

　一般従業員と異なるのは、労働契約の期間が3年を超えてはいけないという点です。

　しかし、以下のケースについては5年までの契約期間が認められています。

①専門的な知識、技術または経験であって厚生労働省が定める基準に該当する者との労働契約（システムエンジニアや特許の発明者、医師、弁護士、公認会計士、一級建築士、税理士、社労士など）

②満60歳以上の従業員との労働契約（①の対象者を除く）
（労基法第14条）

　この5年までの契約は、事業の完了に一定の期間を要する場合の契約には該当しません。ですので、5年を超える契約が認められることになります。

　事業の完了に一定の期間を要するものとは、トンネルや道路、地下鉄の工事に5年を超える期間が必要なものなど

> **5年までの契約期間を認められるもの**
>
> 1. 専門的な知識、技術または経験で、高度のものとして厚生労働省が定める基準に該当する専門的知識等を持つ者との労働契約
>   例：システムエンジニア、特許の発明者、医師、弁護士、公認会計士、一級建築士、税理士、社会保険労務士、薬剤師、弁理士、不動産鑑定士、技術士、博士の学位を有する者
> 2. 満60歳以上の従業員との労働契約（1の対象者を除く）
>
> **5年を超える契約ができるもの**
>
> 1. 期間の定めのない一般従業員の契約
> 2. 事業の完了に一定の期間を要する場合の契約
>   （トンネル、道路、地下鉄などの工事）

が当てはまります。

いったん契約した期間中には、従業員、使用者ともに契約を解除することはできません。しかし、職場に適さない場合には長期間の苦痛を与えることになるため、1年を超える労働契約をした場合には、従業員は契約期間の初日から1年を経過した時点から、使用者に申し出ることでいつでも退職することができます（ただし、5年までの契約期間を認められた①、②の者を除く）。

■ **新たな雇用契約**

有期雇用期間が満了すれば契約は当然に終了し、雇止めには該当しません。引き続き有期雇用契約を結ぶかどうかは会社と従業員の自由です。しかし、期間が終了しても引き続き従業員が働き続け、会社もなんら異議を述べなければ、同一条件で新たな有期雇用契約が結ばれたことになるため、雇用契約を再度締結するか否か必ず従業員に伝えなければなりません。

5 試用期間と内定

試用期間は自由に定めることができる

試用期間とは、その会社や仕事の内容が合っているかどうか、その人の能力や適性を判断するための一定期間のことです。

総務の仕事、ここに注意

試用期間は、従業員の適性を判断するいわゆるテスト期間ですが、社会保険・雇用保険には加入しなければなりません。

> **メモ**
> 採用した従業員の能力・適性を試用期間中に判断できないような場合には、試用期間を延長することも可能です。その際には本人の合意や、就業規則に試用期間を延長できること、延長する期間について明確な規定があることなどが必要になります。

■試用期間とは

企業が正規従業員を雇い入れる場合には、入社後の一定期間を「試用期間」として職業能力や勤務態度を見極め、適性を判断して本採用するかどうかを検討するのが一般的です。つまり試用期間とは、法的には、解約権が留保された労働契約であると理解されています。

簡単に言うと、「**試用期間の途中でいつでも労働契約を解約できる権利**」を使用者が持っているということです。

本採用を拒否するには、次の2点が求められます。
①客観的に合理的な理由があること（152ページ参照）
②判断に社会的相当性があること（152ページ参照）

試用期間は必ず設定しなければならないものではありませんが、1カ月から6カ月の試用期間を設けるのが一般的で、3カ月としている会社が多いようです。裁判で1年間の試用期間が認められたケースもありますが、従業員の身分が不安定となるため、長期の試用期間は避けるべきです。

試用期間が14日以内であれば、解雇予告（164ページ参照）は必要ありませんが、14日を超えて引き続き試用される場合には解雇予告が必要となります。

解約権留保付の労働契約

試用期間 採用し、教育・訓練したが、場合によっては辞めてもらう
内　定 入社日までに労働契約を解約することもあり得る

面　接　→　試用期間　→　本採用拒否

採用内定を取り消しても問題のないケース

- □ 卒業できなかった
- □ 健康状態の悪化で働けなくなった
- □ 犯罪を犯した
- □ 重要な採用手続きを怠った

　　など「やむを得ない理由」と判断される場合

■ 内定とは

　採用内定とは、入社予定日が決定していることを前提に、内定が取り消しとなるようなことが生じたときには、労働契約を解約できるといった合意が成立していることを意味しています。

　注意すべきは、誓約書に「内定取り消しの可能性」を記載しているからといって、直ちに取り消しが認められるわけではないことです。内定当時知ることが不可能で、合理的で社会通念上相当と認められるようなもので、会社に雇用するのが適当でない場合でなければなりません。

　たとえば卒業ができなかった場合、健康状態の悪化で働けなくなった場合、犯罪を犯した場合、重要な採用手続きを怠った場合など、やむを得ない理由と判断されるものがあれば取り消すことも可能ですが、基本的には会社の勝手でむやみに取り消すことはできません。

3章 給与のルール

1. 賃金支払いの5原則と割増賃金
   協定を結べば賃金から控除できる

2. 欠勤・遅刻・早退の場合の賃金
   働いていない時間の賃金はカットできる

3. 休業手当
   自宅待機の日には休業手当を支払う

4. 平均賃金の計算
   労働できない場合にも、一定額の賃金を支払う

5. 最低賃金
   最低賃金は、地域別、産業別で毎年改定される

6. 年俸制
   年俸制は業績・評価と連動させやすい

7. 賞与
   賞与は必ずしも払わなくてもよい

8. 退職金の制度設計・計算方法
   退職金規程を定めた場合、支払い義務が発生する

1 賃金支払いの5原則と割増賃金
協定を結べば賃金から控除できる

賃金は労働条件の中で最も重要な条件であり、従業員を保護するためにさまざまな規定があります。賃金支払いの5原則は重要です。

総務の仕事、ここに注意

口座振込で給与を支払う場合は、必ず本人の同意書を得なければなりません。労使協定や労働協約をもって代えることはできません。

CHECK

「賃金とはいえないもの」
・結婚祝金、病気見舞金などの任意恩恵的給付
・社宅などの福利厚生給付
・業務のために必要な出張旅費や作業用品費、制服など
は賃金ではありません。
接客業でお客さんからもらうチップも、使用者が支払ったものではないので、賃金にはあたりません。

■賃金とは

賃金とは「賃金、給料、手当、賞与その他名称の如何を問わず、**労働の対償として使用者が従業員に支払うすべてのものをいう**」と労基法第11条で定められています。

原則として結婚祝金や病気見舞金など恩恵的なものは賃金とされませんが、就業規則などに支給条件が明確にされていれば賃金となる場合もあります。

■賃金支払いの5原則

賃金は、従業員の生活を支えるものですから、確実に定期的に手元に届かなければなりません。そこで、従業員保護の観点から、確実に給与が受け取れるよう、労基法第24条では「**賃金は、通貨で、直接労働者に、その全額を支払わなければならない**」「**賃金は毎月1回以上、一定の期日を定めて支払わなければならない**」と「**賃金支払いの5原則**」を定めています。賃金保護規定に違反すると30万円以下の罰金に処せられます。

■通貨払いの原則の例外

賃金は現金で支払うことが労働基準法に定められた原則ですが、実際には多くの会社が金融機関への振込としています。

> **賃金支払いの5原則**
>
> **1 通貨で支払う**
> 日本国内で流通している紙幣・貨幣で支払わなければなりません。自分の会社の商品など現物で支払ったり、株式で支払うことはできません。
>
> **2 直接本人に支払う**
> 従業員が未成年であっても親や保護者に支払うことはできず、直接本人に支払わなければなりません。
>
> **3 全額支払う**
>
> **4 毎月1回以上支払う**
>
> **5 一定期日に支払う**
> 必ず特定の支払い日を定めて支払わなければなりません。
> × 毎月第2火曜日　＝　毎月日にちが違うため
> ○ 毎月月末　＝　月末と特定できるため

　給与振込のための要件は、
①従業員の同意を得ていること
②従業員が指定する本人名義の口座であること
③賃員の全額が所定の賃金支払い日に出せる状況にあること
です。なお、個々の従業員本人名義の預金通帳口座の指定が行なわれれば、従業員の同意が得られているものと解されます。

■ **全額払いの原則の例外**
　賃金は全額払われなければなりませんが、例外もあります。税金や社会保険料などの法令に別段の定めがある場合や、賃金控除に関する労使協定を締結し、生命保険料や旅行積立金を賃金から控除する場合などです。このとき、控除できるものは事理明白なものに限られます。
　賃金控除の労使協定には控除の対象となる具体的な項目、控除額、控除対象者、控除を行なう賃金支払日等を協定に定めます。この協定は労働基準監督署に届け出をする必要はありません（29ページ参照）。

> **メモ**
> 退職金の小切手払いを例外的にすることは可能です。

> **CHECK**
> 労働協約により通勤定期券を購入して支給している場合は、賃金となります。しかし労使協定では賃金を通貨以外のもので支払うことはできません。

ところで、従業員が会社の車で事故を起こした時、車の修理代を一部従業員に支払わせたいときに勝手に賃金から控除してしまうと、賃金全額払いの原則に違反してしまいます。賃金は全額支払った上で別途修理代を従業員に支払わせるか、その従業員の同意を得た上で賃金から控除しなければならないことに注意してください。

また、時間外労働、休日労働、深夜労働をさせた時には割増賃金を支払わなければなりませんが、割増賃金が未払いであれば「賃金の一部不払い」となって、これも賃金の全額払いの原則に違反することとなり、厳しく罰せられます。

■ 割増賃金

労働基準法では1日8時間、1週40時間が法定労働時間と定められています。これを超えて従業員を働かせる場合及び毎週1回の休日に働かせる場合は36協定（86ページ参照）を結んだ上で、割増賃金を支払う必要があります。

時間外労働に対する割増率	**25％以上**
法定休日労働に対する割増率	**35％以上**

（70ページ参照）

また深夜（午後10時から翌午前5時まで）労働に対しても25％以上の割増賃金を支払わなければなりません。

たとえば、時間外労働が深夜まで及んだ場合には
時間外労働25％ ＋ 深夜割増25％ ＝ 50％
法定休日の労働が深夜に及んだ場合には
休日労働 35％ ＋ 深夜割増25％ ＝ 60％
の割増賃金を支払う必要があります。

所定労働時間が7時間30分の場合、時間外労働をさせた

賃金支払い5原則の例外

給与振込　退職金の小切手払い　天引き

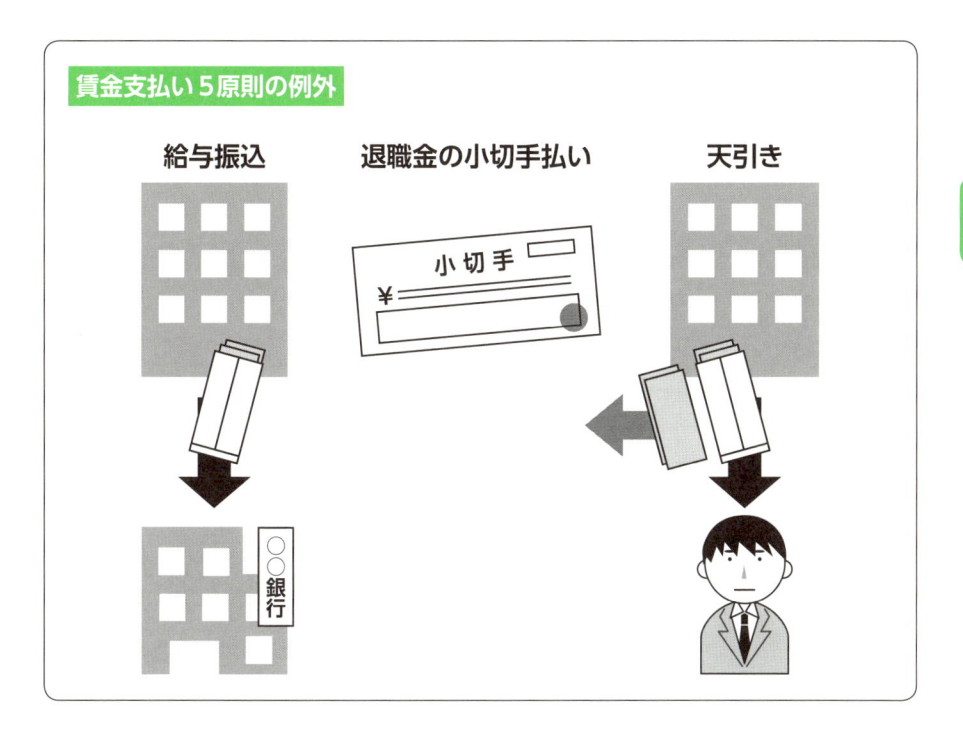

としても30分間であれば、法定労働時間の8時間以内であるため、割増賃金を支払う必要はありません。

ただし就業規則などで「所定労働時間を超えて労働した場合に割増賃金を支払う」旨の規定があるのであれば、法定労働時間以内であっても割増賃金の支払いをしなければなりません。

割増賃金の基礎となる賃金に含まれない賃金は、家族手当、通勤手当、別居手当、子女教育手当、住宅手当、結婚手当などの臨時に支払われた賃金、賞与などの1カ月を超えるごとに支払われる賃金に限られます。皆勤手当は割増賃金の基礎となりますので、ご注意ください。

法律知識編　3章　給与のルール

2 欠勤・遅刻・早退の場合の賃金
働いていない時間の賃金はカットできる

従業員が欠勤・遅刻・早退をした場合は、
その時間分の賃金を控除することができます。

総務の仕事、ここに注意

欠勤、遅刻等による不就労時間がある場合の控除額の計算方法については、就業規則や賃金規程に定めておきましょう。

> **メモ**
> 早朝にお店を開けなければならない、早朝に時間を守って荷物を届けなければならないというように、各自が責任のある仕事をしていて、絶対に遅刻があっては困るという会社の方針であれば、注意喚起の意味を込めて無遅刻手当等を支給するのもよいでしょう。

■ノーワーク・ノーペイの原則

　賃金は、労働契約を結び、働いた対価として支払われます。ですから決められた所定労働時間の中に、**欠勤、遅刻、早退等で働いていない時間があれば、その時間に相当する賃金を支払う必要はありません。**これがノーワーク・ノーペイの原則です。

■控除額の決定方法

　欠勤、遅刻等による不就労時間がある場合の控除額の計算方法については、就業規則や賃金規程に定めておきましょう。

　一般的なのは、欠勤1日につき月額給与から「月平均所定労働日数分の1」を控除することです。

　月給20万円の人が月平均20労働日なら、欠勤1日につき1万円が控除されることになります。

　遅刻、早退等の1時間あたりの控除額は、これをさらに1日の所定労働時間で割ります。

　この場合で8時間労働なら、1万円÷8時間で1,250円が控除となります。

　控除計算の対象を基本給だけとするか、諸手当を含めるかは、会社で定めることができます。就業規則に定めてお

> **一般的な控除額の決定方法**
>
> 例
> 月給20万円、月平均20労働日なら……
> ⇨ **欠勤1日につき「20万円÷20日」の1万円が控除**
>
> 月給20万円、月平均20労働日、1日8時間労働なら……
> ⇨ **遅刻・早退1時間につき「1万円÷8時間」の1250円が控除**
>
> × 5分の遅刻 ➡ 1時間分の賃金カット
> ○ 5分の遅刻 ➡ 5分の賃金カット

きましょう。

■ **不就労時間数に応じた賃金だけカットできる**

控除できる賃金は、不就労時間に見合う額にとどめなければなりません。ですから、5分の遅刻に対するペナルティとして1時間分の賃金カットをすることはできません。5分の遅刻に対しては、5分の賃金カットだけです。

反対に、「30分未満の不就労時間は欠勤時間から切り捨てる」というような、従業員に有利な規定は法的に認められます。

■ **懲戒処分のひとつである減給の制裁**

労基法には「減給の制裁」という規定があります。その場合は就業規則にその種類と程度を記載しておかなければなりません。しかし、1回の額が平均賃金の1日分の半額を超えてはならず、数回あってもその合計額が一賃金支払期の賃金総額の十分の一を超えてはなりません。

3 休業手当
自宅待機の日には休業手当を支払う

会社の都合で従業員に休業を命ずる場合には、休業期間中の生活を保護するため、使用者は従業員に休業手当を支払わなければなりません。

総務の仕事、ここに注意
1日のうち一部を休業とした場合でも、休業手当は時間単位では考えません。1日単位で考えて支払いをします。

> **メモ**
> 「非常時払い」という制度があります。
> 従業員が出産、疾病、災害その他命令で定める非常の場合の費用に充てるために請求する場合、支払い期日前でも既往の労働に対する賃金を会社は支払わねばなりません（労基法第25条）。

■ 休業手当とは

　従業員が働かなかった場合はノーワーク・ノーペイに則って賃金を支払う必要はありませんが、**会社の都合で休業せざるを得なくなった場合は、従業員に対して休業手当を支払う必要があります。**

　働くために出勤したにもかかわらず、「今日は仕事なし。自宅待機を命ず」と言われ、その1日分の賃金が支払われなければ、従業員は困ります。そこで、「使用者の責めに帰すべき事由による休業の場合には、使用者がその休業期間中につき、**平均賃金の60％以上の休業手当を支払わなければならない**」と規定されています（労基法第26条）。

■ 一部休業の場合

　午前中は仕事をして、午後は会社都合の休業とする場合、従業員の収入は「平均賃金の60％以上の金額」が確保されていなければなりません。

　1日8時間労働、平均賃金8,000円（時間給換算1,000円）の従業員が、4時間労働して残りの4時間が会社都合の休業となった場合、休業手当は8,000円の60％で4,800円支給しなければなりませんが、実際に労働した4時間分の賃金4,000円を差し引いた800円を支払えばよいことになりま

使用者の責めに帰すべき事由

＊機械の故障　　　＊原料不足　　　＊資金不足　　　＊営業停止処分
＊親会社の経営難に伴う資材・資金の供給停止
＊行政指導を受けたことによる一時帰休
＊新規採用者に自宅待機を命じる場合、など

※使用者側に起因する経営上、管理上の障害を含むものと解されています。
※「休業」は、事業の全部または一部の休止の場合ばかりではなく、特定の従業員に対しその意思に反し労働させないような場合も含みます。

す。逆に5時間労働した場合は、5時間分の賃金（5,000円）ですでに平均賃金の60％は確保できているので支払う必要はありません。

■ 休業手当を払わなくてもよいとき

　使用者の責任ではない、次のような場合は休業手当を支払う必要はありません。
①地震、台風、天災事変など不可抗力によるもの
②法令遵守による休業（労働安全衛生法の健康診断結果に基づく休業、労基法に基づく労働時間短縮や代休命令の休業など）

　また、休業期間中に、労働契約で休日と定められている日がある場合、その休日については休業手当の支給義務は生じません。たとえば、日曜日が休日の会社なら、休業期間中の日曜日については休業手当を支払う必要はありません。

　なお、休業手当は「労基法第11条の賃金」（46ページ参照）にあたるため、その支払いについては「賃金支払い5原則」が適用されます。

4 平均賃金の計算
労働できない場合にも、一定額の賃金を支払う

平均賃金は休業手当や年次有給休暇中の賃金などの計算の基礎となるもので、法律による規定があります。

総務の仕事、ここに注意
休業手当や、労災の休業補償など大事な支払いの基礎となるものが平均賃金です。計算の仕方にもルールが決められています。

メモ
原則通りに算定できない場合
- 雇入れ後3カ月未満→雇入れ後に支払った金額÷雇入れ後の総日数
- 試用期間中→試用期間中の日数と賃金を用いて算定
- 日雇労働者→厚生労働大臣の定める額
- 算定不能の場合→長期休業中や雇入れ日に平均賃金を算定の場合などは、都道府県労働局長が決定

■ 平均賃金とは

　従業員が一定の事情によって労働できない場合でも、それぞれの生活水準に見合った額を保障しようとするもので、現実の収入に近い賃金を基礎とした計算方法を採用しています。平均賃金の役割は解雇予告手当、休業手当、年次有給休暇中の賃金、災害補償、減給の制裁などを計算する際に、その算定基礎として使われる従業員の一生活日あたりの賃金です。

■ 平均賃金の算定の起算日

　各種手当や賃金は、「平均賃金を算定することとなった理由が発生した日」（起算日）を基準に計算します。
- **解雇予告手当**　解雇通告をする日
- **休業手当・年次有給休暇中の賃金**　休業日・休暇の初日
- **災害補償**　事故発生の日または診断により疾病の発生が確定した日
- **減給の制裁**　制裁意思が従業員に到達した日

などです。ただし、一般的には賃金締切り日がありますので、平均賃金を算定すべき事由が発生した日の直前の賃金締切り日から起算します。

平均賃金の計算式:原則(労基法第12条)

$$\frac{\text{算定すべき事由が発生した日以前3カ月間の賃金総額}}{\text{その期間の総日数(暦日数で休日を含む)}}$$

賃金総額から金額を除外するもの

- ＊3カ月を超えるごとに支払われる賃金(賞与など)
- ＊臨時に支払われた賃金(退職金、結婚手当など)
- ＊法令・労働協約にもとづかない現物給与

(注)賃金総額には残業代や各種手当(通勤手当など)も含めます

3カ月の期間から除外するもの(日数、その期間中の賃金を除外)

- ＊業務上の傷病による療養のための休業期間
- ＊産前産後の休業期間
- ＊育児・介護の休業期間、
- ＊使用者の責めに帰すべき事由による休業期間
- ＊試用期間

日給制等の最低保証額

勤務日数が著しく少ない場合は、対象期間中の就業日数、時間数、出来高等によって平均賃金が著しく低くなるおそれがあるため、是正のための措置があります。ただし、原則通りの計算額のほうが高い場合は、当然に原則通りに算出した額とします。

A　日給、時給、出来高払い制、その他請負制の場合

$$\frac{\text{算定すべき事由が発生した日以前3カ月間の賃金総額}}{\text{その期間中の労働日数}} \times 60\%$$

B　賃金の一部が、月給、週給、その他一定の期間によって定められた場合(基本給は日給制等で手当は月給制等の場合)

$$\text{その月給制等の部分の総額をその期間の総日数で除した金額と前記Aの金額の合計額}$$

5 最低賃金

最低賃金は、地域別、産業別で毎年改定される

賃金は、従業員に保証すべき最低額（最低賃金）が規定されています。最低賃金は毎年改定されますので、毎年チェックすることが重要です。

総務の仕事、ここに注意

最低賃金はパートやアルバイトにも適用されますから注意してください。派遣従業員については、派遣先が属する地域の最低賃金が適用されます。

重要
最低賃金額に達しない労働契約の定めは無効となり、無効となった部分は、当該最低賃金額を定めたものとして取り扱われます。

CHECK
使用者とは、事業主または事業の経営担当者、その他その事業の従業員に関する事項について、事業主のために行為するすべてのものを言う。
部長、課長等の役職にかかわらず、実質的に一定の権限を与えられているか否かによる（22ページ参照）。

■最低賃金とは

最低賃金は、最低賃金法に規定されるもので、従業員に最低賃金を保証することによって従業員の生活の安定に資することを目的にしています。

使用者は従業員に、地域別、または産業別に決定された最低賃金額以上の賃金を支払わなければなりません。

最低賃金は、雇用形態や名称、性別、国籍を問わず、すべての従業員とその使用者に適用されます。ですから正社員ばかりでなく、パートタイム従業員、アルバイト、嘱託社員、日雇い、不法就労の外国人までも対象です。

また**最低賃金は時給額で定められています**ので、月給制などの場合は時給換算しなければなりません（最賃法第3条）。これは賃金の低いパート従業員を考慮したものです。

■最低賃金の対象とされない手当等

最低賃金の対象となるのは、通常の労働に対する部分ですので、次のものは控除して計算します。
①臨時に支払われる賃金
②賞与など、1カ月を超える期間ごとに支払われる賃金
③時間外・休日・深夜労働の割増賃金
④皆勤手当、家族手当、通勤手当

月給者の時給額換算式

最低賃金は時給額で決められているため、月給者の場合の時給額換算式は以下で求められる

$$\frac{月給額 \times 12}{1日の所定労働時間 \times 年間所定労働日数}$$

種類

1 地域別最低賃金

厚生労働大臣または都道府県労働局長が、一定の地域ごとに、それぞれ中央または地方の最低賃金審議会の調査審議を求め、その意見を聴いて、各都道府県単位で決定される。
＜決定基準＞
a地域における労働者の生計費、b賃金、c通常の事業の賃金支払い能力
（aについては生活保護の水準を下回らないよう配慮）

2 産業別（特定）最低賃金

一定の事業・職業について決定されるが、労使の申し出に基づいて最低賃金審議会の調査審議を経て決定される。その額は、地域別最低賃金を上回らなければならない。
地域別と特定の両方が適用になる場合は高いほうになる。

> ❗ 試用期間中の従業員であっても、最低賃金を下回る賃金は認められません

6 年俸制

年俸制は業績・評価と連動させやすい

成果主義賃金の典型例に年俸制があります。
導入するには人事評価制度の整備が求められます。

総務の仕事、ここに注意

年俸制では賃金を年単位で決めますが、支払いは「毎月1回以上」「一定期日」にしなければなりません。

メモ
年俸制は、労働時間規制を受けない管理監督者や、裁量労働制の適用者を中心に導入されています。

CHECK
「残業代を払わなくてよい制度」と勘違いされることもありますが、一般社員の場合は時間管理をして割増賃金を支払う義務があります。

■ 年俸制とは

成果主義賃金の典型例である**年俸制とは、成果や業績を重視して、賃金を年単位で決める賃金決定方式**です。まず当該年度の目標を定めて、その達成度を評価して翌年度の賃金を決定します。ですから昇給ばかりでなく降給もあり得ます。年俸制のメリットとして、実力主義の徹底、年功的賃金の是正、目標の明確化による従業員の士気向上、競争による職場活性化、優秀な人材の確保などが挙げられます。

一方、デメリットとして、短期的な視点での成果や業績を重視するあまり、中長期的な視点が失われる傾向にあります。また、個人の業績にとらわれ、組織全体の業績向上や部下の育成がおろそかになることも考えられます。

年俸制の形態には、欧米型の**完全年俸制**というシンプルな年俸額一本タイプや、日本に多い**業績賞与併用型年俸制**などさまざまなタイプがあります。

後者は基本年俸と業績年俸に分けて、業績年俸部分を成果によってアップ・ダウンさせる仕組みで、設計の仕方によってさまざまなバリエーションがあります。

年俸制を導入している場合でも、賃金は毎月1回支払う

年俸制の支給例

年棒960万円の場合

80万×12カ月=960万円

均等払	80万円	80万円	80万円	80万円	80万円	80万円	80万円	80万円	80万円	80万円	80万円	80万円
	1月	2月	3月	4月	5月	6月	7月	8月	9月	10月	11月	12月

60万×12カ月+120万+120万=960万円

賞与併用 7月・12月 賞与							120万円					120万円
	60万円	60万円	60万円	60万円	60万円	60万円	60万円	60万円	60万円	60万円	60万円	60万円
	1月	2月	3月	4月	5月	6月	7月	8月	9月	10月	11月	12月

必要があり、年俸額を12分の1に分けて毎月支給します。あるいは年俸額を16分割して16分の1を毎月支払い、夏と冬に16分の2（賞与に相当）を毎月の支払い分に加えて支給するという方法もあります。

年俸制で給与が決定している人であっても、長期病気欠勤など、仕事ができない期間があった場合には、ノーワーク・ノーペイの原則に基づいて、欠勤分の給与は控除できます。

年俸制を導入する場合は、就業規則などへの記載が必要です。

年俸額を合意によって確定した場合は、年度の途中で賃金額を一方的に引き下げることはできません。新年度に新たに年俸額を決定する際に改定することになります。

7 賞与

賞与は必ずしも払わなくてもよい

賞与を必ず支払う義務はありませんが、支給する場合には、支給要件、支給時期、計算方法等を、就業規則で明確にしなければなりません。

総務の仕事、ここに注意

賞与は法律上の義務ではないので、従業員が支給日に在籍していることを要件にできます。賞与を支払う従業員を明確にしておきましょう。

重要

賞与の性格は、
・賃金後払い
・生活補給金
・功労報奨
・利潤分配
などと考えられています。
就業規則、労働協約などで支給条件が明確なものは法的に賃金とされています。

メモ

賞与も賃金ですから、通貨で、直接従業員に、その全額を支払わねばなりません。

■賞与

　賞与は、法律上会社が必ず支給しなければならないものではありません。就業規則や労働協約などで支給条件が記載されることではじめて、使用者に支払い義務が発生します。もし、パートタイマーなどに賞与を支給しない場合には、就業規則や労働条件通知書で「支給しない」と明確にしておきましょう。

　一般的には6カ月などの評価期間を設け、会社の業績や従業員の勤務実績を考慮して、その都度支給額を決定しています。

　普段は賞与を支給している会社でも、業績によって支給できない場合もあります。就業規則などに「**業績の著しい低下、その他やむを得ない事由がある場合は支給しないこともある**」と規定しておくことは重要です。とはいえ、賞与は年収にしめる割合が高いことから、従業員の毎月の生活に大きな影響を与えますので、やむを得ず不支給となる場合でも、労使間の十分な説明や話し合いが必要となります。

　さらに、支給対象期間に育児休業を取得中の従業員や、病気で休職中の従業員等に対する取扱いはどうするのか、

> **賞与のタイプ**
>
> 大きく分けると2つのタイプがあります。①と②を併せた型もあります。
>
> **1 基本給連動型**
>   「基礎額の○カ月分」など、従来から多くの会社で採用されている方法。
>
> **2 業績連動型**
>   「会社の利益配分」であるため、業績によって賞与額は大きく変動する。
>
> **支給日在籍要件**
>
> 賞与支給日に従業員が在籍していることを賞与支給の要件とすることもできますが、この場合、賞与の算定期間が終わってから支給日までの間に退職した従業員は賞与をもらえなくなってしまいます。
>
> 賞与算定対象期間6月1日～11月30日　　　12月5日に退職　　　12月20日が賞与支給日

支給対象期間に懲戒処分を受けた者に対する取扱いはどうするのか、支給日に退職していた者に対する取扱いはどうするのか等についても就業規則に規定しておくことが重要です。

　賞与算定対象期間に在籍していても、賞与の支給日に在籍していない場合は不支給としても差し支えないとされています。賞与は、過去の労働に対する報酬という意味ばかりでなく、将来の勤務への期待・奨励という意味もあるので、賞与支給日在籍要件は合理的であるとして、違法ではありません。また、賞与支給日の含まれる月に退職をする場合、支給総額を減額する規定を含めるケースもみられます。賞与の支給は法律上義務づけられているものではないため、支給対象者等を自由に定めることができます。

　また最近では、育児休業中の人や病気のため休職中の人などが増えてきました。「賞与支給日に在職している休職中の人」への賞与の支払いについても定めておくようにしましょう。

8 退職金の制度設計・計算方法
退職金規程を定めた場合、支払い義務が発生する

退職金は、退職金規程が定められている場合に支払い義務が発生します。現状の退職金制度が現在の会社の実態に合っているか、確認しましょう。

総務の仕事、ここに注意

退職金は高額で受給に関する争いが生じやすいもので、毎月支払われる賃金の時効が2年であるのに対して、退職金の時効は5年間になっています。

重要
パートなど非正規社員の退職金制度がない場合、その旨を就業規則や労働条件通知書等の書面で明確にしておきましょう。

■ 退職金

退職金は使用者に義務づけられた制度ではないので、必ずしも退職金制度を作る義務はありません。ただし、退職金制度をいったん作ったら、就業規則などに規定し、支給条件などを決めておく必要があります。そして、廃止する場合には従業員の同意を得る必要があり、会社が一方的に廃止することはできません。したがって、退職金制度を作るときには慎重に検討しなければなりません。

賞与は、会社に利益が出ていなければ払わずに済むこともあるのに対して、**退職金規程を定めた場合は、必ず払わなければなりません。**また、就業規則などに定める場合には、

①規程が適用される従業員の範囲
②退職金の決定・計算・支払い方法
③退職金の支払い時期

などの支給条件を記載しなければなりません。

退職金は、支給条件が明確なものは、「労働の対償」としての賃金となって、法律上の保護を受けます。支給条件を定める規定がない場合でも、支給条件が明らかであり、今まで支給されていた慣行があれば、使用者に支払い義務が生

> ### 一般的な退職金の算式
>
> **退職金 ＝ 算定基礎給 × 勤続年数別支給率 × 退職理由別支給係数**
>
> 算 定 基 礎 給：退職時の基本給をベースにすることが多い
> 勤続年数別支給率：勤続年数が長くなると急カーブで大きくなるのが一般的
> 退職理由別支給係数：自己都合退職と定年・会社都合退職を区別して、自己都合で辞める人には金額が少なくなるように設定されている
>
> ### 近年の変化
>
> **❶ポイント制**：勤続年数、昇進、業績評価などに毎年ポイントを加算して累積算定する
> **❷別テーブル方式**：退職金の算定値を別に設けて計算する
> **❸前払い制**：在職中の月給に上乗せして払う
>
> といった制度も現れています。

じます。

　ほとんどの企業で、退職金の支給は正社員に限られていて、非正規従業員は対象外とされていますが、「短時間正社員制度」という新たな働き方が増えてきました。これは、退職金や賞与の支給などを含み、非正規従業員であっても、正社員と均等な労働条件での働き方をする雇用制度です。

■ 退職金の不支給

　懲戒解雇を受けた従業員、同業他社へ就職した従業員に対しては、退職金を不支給にしたり減額したりすることは可能ですが、**不支給・減額の事由を就業規則等で明確に規定しておく**ことが必要です。

　労基法でも、就業規則の相対的必要記載事項として定めをする場合において記載を要する、任意的な取扱いとなっています。つまり、支給条件をどう定めるかは、基本的には自由なのです。

　原則として懲戒解雇の場合に不支給・減額するのは違法ではありません。

　しかし懲戒解雇で退職金の全額が不支給となるのは、従業員の長年の労働の価値を抹消してしまうほどの著しい背信行為があった場合に限られます。

4章 労働時間・休憩・休日のルール

1. 法定労働時間
   手待ち時間・拘束時間は労働時間
2. 休憩時間の基本
   6時間を超えたら休憩が必要
3. 法定休日と法定外休日の違い
   法定休日に働くと割増が必要
4. 労働時間等に関する規定の適用除外
   管理職に労働時間は適用されない
5. 休日
   振替休日と代休は異なる
6. 有給休暇の発生要件
   入社半年で有休の権利が生まれる
7. 有休の時季変更と計画的付与
   有給休暇を計画的に取得させる
8. 有休取得日の給与、有効期限、買い上げ
   有給休暇は買い上げなくてもよい

1 法定労働時間

手待ち時間・拘束時間は労働時間

労働時間は賃金と並んで労働条件の中で最も重要、かつ関心の高い事項です。原則として、法定労働時間である1日8時間、週40時間以内で定めます。

総務の仕事、ここに注意

会社の労働時間は始業から終業までの時間ですが、手待ち時間のような、待機していて実際には働いていない時間も労働時間になることがあります。

▶メモ

法定労働時間には特例があります。
従業員規模が10人未満の商業、映画演劇業（映画の製作を除く）、保健衛生業、接客娯楽業については、1週間につき44時間まで働くことができます。
1日の労働時間は通常通り、8時間となります。

■ 法定労働時間と所定労働時間とは

　会社が従業員を雇う場合には、株式会社、個人事業、外国企業いずれにおいても法定労働時間を守らなければなりません。労働基準法第32条で、**労働時間は休憩時間を除いて1日8時間・週40時間と定められています**。また、所定労働時間とは、会社ごとに決めた労働時間を指します。

　所定労働時間は、法定労働時間に収まるように設定しなければなりません。

■ 手待ち時間

　労働時間には、実際に作業をしている時間だけでなく、作業の準備や、待機している時間（手待ち時間という）も含みます。

　昼休憩の時間に、電話応対のためにその場を離れることができない場合は、たとえ電話が入らなかったとしても、「手待ち時間」として「労働時間」に含まれます。

　運送会社の荷物の積込み担当者がトラックの到着を待つ間、体を休めている時間は「手待ち時間」となり、「労働時間」となります。また、運送会社の運転手が、荷物の積込みに際して、順番待ちをしている時間や、長距離を2人で交代して運転するドライバーが、運転をせず助手席で休

法定労働時間

原則
- 1日　8時間
- 1週間　40時間

これを超えて労働させることは法律で禁止されています。法定労働時間を超えて労働させる場合は、労使協定を交し労働基準監督署への届出などが必要(36協定)。

所定労働時間

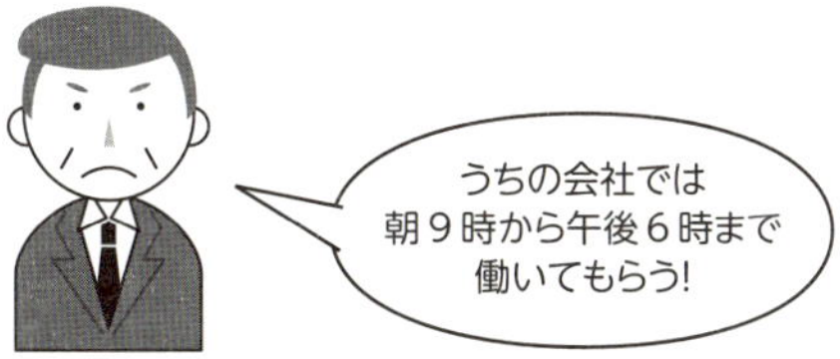

うちの会社では朝9時から午後6時まで働いてもらう!

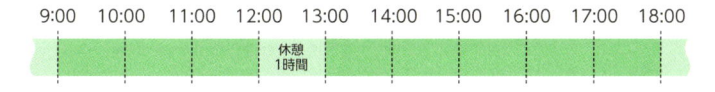

9:00 10:00 11:00 12:00 13:00 14:00 15:00 16:00 17:00 18:00

休憩1時間

この場合、拘束時間は9時間ですが、労働時間は休憩時間を除いて1日8時間です。つまり、時間外の割増賃金は発生しません。
ただし、本文中の①〜⑤のように休憩時間が手待ち時間として「労働時間」となった場合には、1日9時間の労働となり1時間の割増賃金が発生します。

憩している時間も「手待ち時間」として「労働時間」に数えられます。ただし、停車時間や待ち合わせのための時間など、その時間を自由に利用できるときは、「休憩時間」とする場合もあります。

■ **労働時間の範囲**

　法律上、**「労働時間」とは、使用者の指揮監督下(仕事における管理下)におかれている時間**を言います。使用者には社長だけでなく、部長、工場長、店長等の管理監督者(72ページ参照)も含みます。
　たとえば、以下の時間は「労働時間」の扱いになります。
①自由に利用できない休憩時間
②手待ち時間(作業のための待機時間)
③特殊健康診断の時間(一般健康診断は対象外)
④時間が自由に使えない出張中の時間
⑤その他、受講義務のある教育訓練時間や、安全衛生のための教育や会議のための時間、消防訓練のための時間等

2 休憩時間の基本
6時間を超えたら休憩が必要

休憩時間は、継続して労働し、疲れがたまった従業員の疲労回復のために、労働時間の途中に休憩を与えることを規定しています。

総務の仕事、ここに注意

労働時間がちょうど8時間の場合、休憩は45分で、8時間を超える場合、1勤務内であれば12時間労働になっても、1時間の休憩で足ります。

メモ
・派遣社員についても一斉に休憩を与えることが必要です。
・休憩時間は2回に分割して与えることも可能です。
・休日出勤した場合の休憩時間についても扱いは同じです。
・休憩を社内で自由に取れるのであれば、外出を許可制にしても差し支えありません。

労働基準法では、1日の労働時間に応じて、休憩時間を次のように定めています（労基法第34条）。
・6時間を超える場合：45分以上
・8時間を超える場合：1時間以上

労働時間が6時間以下の場合は、休憩を与える必要がありません。

■ **途中付与の原則**

休憩時間は、**勤務時間の途中に**与えなければいけません。たとえば、休憩時間を勤務時間の最後に与えて早く退社させることは違反となります。

所定労働時間が7時間30分の場合、休憩は45分で足りますが、1時間の残業を行なうこととなったときには8時間を超えるため、15分の休憩を労働時間内に、追加で与える必要があります。

■ **一斉付与の原則と例外**

休憩時間は、同じ事業場の従業員全員に、**一斉に**与えなければいけません。

ただし一斉に与えなくてもよい例外があります。
①坑内労働、主に公衆の用を供する業種（運輸交通業・商業・金融広告業・映画演劇業・通信業・保健衛生業・接客娯楽業・官公署）

休憩時間の基本ルール

労働時間	休憩時間
8時間超労働	1時間
6時間超労働	45分
6時間以下労働	なし

休憩は
1. 労働時間の途中に
2. 一斉に
3. 自由利用

→ 与えなければならない

一斉付与原則の例外
・スーパーマーケット、銀行、映画館、病院、旅館、映画演劇業、飲食店など
・労使協定を締結した製造業など

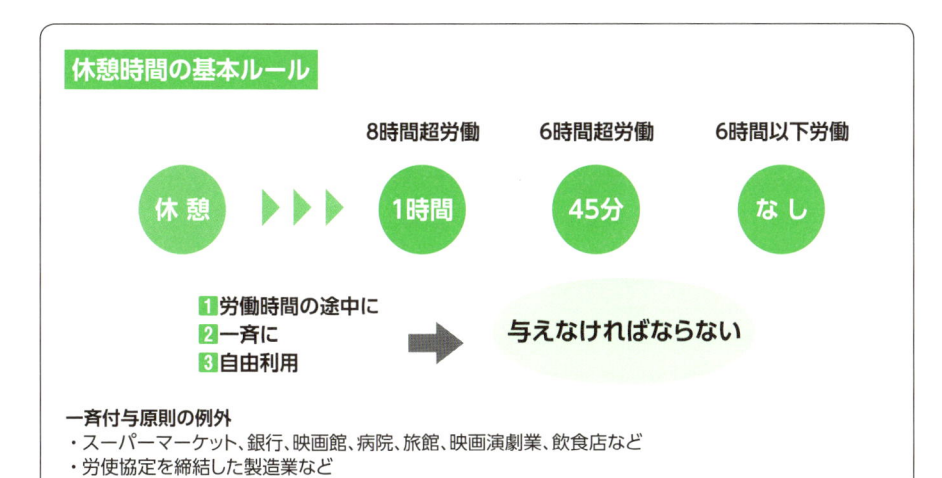

スーパーマーケット、銀行、映画館、病院、旅館、飲食店、旅客・貨物の運送など。

②労使協定を結んだ場合

製造業など、労使協定を結んだ場合には、一斉に与えなくても問題ありません。労働基準監督署への届出は不要です。

■ 自由利用の原則と例外

休憩時間は、「**従業員が自由に過ごせる**」ものでなければなりません。ただし、ここでも2つの例外があります。

①労働基準監督署の許可がなくても例外となる場合
・坑内労働者
・警察官・消防署員・常勤の消防団員
・児童自立支援施設に勤務する職員で、児童と起居をともにする者

②労働基準監督署の許可を受ければ例外となる場合
・乳児院・児童擁護施設・知的障害児施設・盲ろうあ児施設及び、肢体不自由児施設に勤務する職員で児童と起居をともにする者

※「児童と起居をともにする者」とは、交替制や通勤者を含まず、保育士・看護師等、児童と生活をともにする者を指します。

法律知識編　4章　労働時間・休憩・休日のルール

3 法定休日と法定外休日の違い
法定休日に働くと割増が必要

休日とは「労働契約上、労働の義務のない日」です。
原則として、1週間に1回の休日を与えなければなりません。

総務の仕事、ここに注意
4週間の勤務の中で休日を特定したにもかかわらず、万が一、業務の状況によって、その特定した休日が取れないときは、「休日の振替」や「代休」で対応することができます。

メモ
8時間3交替制の場合、2日にわたって継続で24時間の休業ができればよいとされています。

CHECK
変形休日制
「毎週少なくとも1回の休日」を与えるのが原則ですが、変形休日制は「4週間を通じて4日以上の休日」を与えればよい制度です。4週間のうちに4日以上の休日を与える変形休日制をとる場合は、必ずしも1週間に1回の休日でなくても構いません（4週間の区切り、起算日については就業規則等で明示することが必要です）。この変形休日制は、業種を問わず活用することができます。

■法定休日と法定外休日

法定休日とは、最低でも1週間に1回与えなくてはいけない休日として法律で決められています（労基法第35条）。休憩と同様、従業員の疲労回復のためです。

法定休日は必ずしも「日曜日」や「祝日」にする必要はありません。法定休日をどの曜日に特定しなければならないという規則はないため、会社によって自由に決めることができます。

これに対して**法定外休日は、会社が指定した休日**です。週休2日制の会社であれば、1日は法定休日（たとえば日曜日）、もう1日は法定外休日（たとえば土曜日）となります。

祝日は法定休日ではないため、休日にするかどうかは、会社ごとに決めて構いません。

■2日にわたる勤務の労働時間

1日は、原則として午前0時から翌日の午後0時までの24時間、いわゆる暦日を言います。ただし、勤務が継続して2暦日にわたる場合には、たとえ暦日が違う場合でも1勤務として取り扱い、その勤務は始業時刻の属する日を労働日として1日分の労働時間として取り扱います。1勤務

法定外休日・法定休日に出勤した場合の割増賃金

8時間勤務	8時間勤務	8時間勤務	8時間勤務	8時間勤務	8時間勤務	8時間休日出勤 25％増
月	火	水	木	金	土 法定外休日	日 法定休日

8時間勤務	8時間勤務	8時間勤務	8時間勤務	8時間勤務		10時間休日出勤 35％増
月	火	水	木	金	土 法定外休日	日 法定休日

が2暦日にわたる場合は、翌日の始業時刻までの労働が前日の勤務とされます（平11.3.31基発第168号）。つまり、午後10時から夜勤をする場合、午後10時から翌日の午後10時までを1日とします。

休日についても、原則として暦日のことを示しています。

■ **割増賃金**

週休2日制（休日は土曜日と日曜日）で日曜日を法定休日と会社が定めた場合、土曜日に8時間の休日勤務をすると、時間外労働割増として25％以上の割増賃金を従業員に支払います。

日曜日は法定休日にしているので、休日労働割増として35％以上の割増賃金を支払います。10時間勤務しても時間外の割増を上乗せする必要はありません。

ただし、深夜（午後10時〜午前5時）勤務の場合は深夜労働割増を25％以上、上乗せする必要があります。

4 労働時間等に関する規定の適用除外
管理職に労働時間は適用されない

所長、部長、工場長などの管理監督者には、労働時間・休憩・休日の原則が適用されず、法定労働時間を超えて労働させることができます。

総務の仕事、ここに注意

ただし、管理監督者については、「深夜業」(午後10時から午前5時)に関する割増賃金については支払いの対象となります。

CHECK
労働時間、休憩、休日の適用除外者には、管理監督者以外に以下の者がいます。
①重役秘書など機密事務を扱う者
②農業従事者、水産・畜産の従事者(林業は除きます)

管理監督者であっても、年次有給休暇に関する規定は適用されます。

■ 労働時間・休憩・休日の原則の適用除外者

　管理監督者(所長、部長、工場長など)については、労働時間・休憩・休日の原則が適用されない場合があり、労使協定がなくても週40時間や1日8時間を超えて労働させることができます(労基法第41条)。

　管理監督者として認められるには、いくつかの要件があります。ポイントは以下の点です。

① **経営方針の決定に権限があること**
② **労働時間の規制がないこと**
③ **人事採用権があること**
④ **一般の従業員と比較して、管理監督者という職務の重要性に見合う賃金が支払われていること**

　ですので、所長、部長、工場長などの役職に就いているというだけでは、管理監督者の扱いにはなりません。

　管理監督者として認められなかった例として、ファーストフードチェーン店の名ばかり管理職のケースがあります。会社内では店長の役職にあり、管理監督者として扱われていたものの、実態は上記の要件を満たしておらず、「**名ばかりの管理職**」とみなされたケースです。

　会社側は「店長は管理監督者である」として残業代の支

```
┌─────────────────────────────────────────────────────────────┐
│ 管理監督者の要件                                              │
│                                                             │
│ ❶責任と権限                                                  │
│   責任と権限が、経営者と一体の立場にあること                    │
│                                                             │
│ ❷勤務時間                                                    │
│   出退勤についての厳格な管理を受けず、自由な裁量権を持っていること │
│                                                             │
│ ❸賃金額                                                      │
│   報酬待遇面について、管理監督者に相応しい相当の金額であること。   │
│   遅刻・欠勤などの欠勤控除をされていないこと                    │
│                                                             │
│              ↓                                              │
│                                           ┌──────────────┐  │
│   ┌──────────────────────────┐          │ ❶～❸の条件を │  │
│   │ 経営者(取締役)              │          │ 満たすことがで │  │
│   │ 部長、工場長                │          │ きるかどうかで、│  │
│   │ 課長、店長                  │          │ 判断する      │  │
│   │ 係長                        │          └──────────────┘  │
│   │ 一般従業員、契約、パート、アルバイト │                      │
│   └──────────────────────────┘                              │
└─────────────────────────────────────────────────────────────┘
```

払いをしていませんでしたが、現役の店長の訴えにより、業務の実態は管理監督者とは認められないとして多額の残業代の支払いを命じられました。

　また、労働基準監督署の許可を受けることで、管理監督者と同様に労働時間・休憩・休日の原則が適用除外になる者があります。
①守衛や警備員など、監視に従事する者
　特に、交通整理や車両誘導のための駐車場監視員など、身体または精神的緊張の度合いの高い職務は許可の対象にはなりません。
②マンション・アパートの管理人や寄宿舎の賄い人、重役専属の自動車運転手など、実作業時間は少なく、手待ち時間が長い、断続的な労働に従事する者

5 休日
振替休日と代休は異なる

振替休日は、本来の休日を「事前に」特定日に振り替える制度です。これに対して代休は、休日に出勤させた代償として後から休日を与える制度です。

総務の仕事、ここに注意
休日出勤を行なってから代休を取った場合、休日出勤の賃金（通常の賃金部分のみ）と代休日の賃金とを相殺することができます。

メモ▶
振替休日を半日付与することはできませんが、代休は半日付与が可能です。

■振替休日とは
　休日の振替とは、会社が、あらかじめ休日となっている日を出勤日とし、振替出勤とした日以外の労働日を休日に指定することです。
　労働日と振替休日が同じ週の場合には、休日と労働日が入れ替わるだけなので、割増賃金は発生しません。
　ただし、その休日出勤日の労働時間が8時間を超えた場合、またはその週の労働時間が40時間を超えることになった場合には、時間外割増賃金が発生します。
　また、変形労働時間制（90ページ参照）を導入し、週平均で40時間を超える所定労働時間が設定されている場合には、その所定労働時間数を超えた際に時間外割増賃金を支払う必要が生じます。

■振替の3要件
①就業規則に振替休日の規定を設けること
②4週4日の休日が確保できるよう、振替休日を特定すること
③遅くとも前日までに振替日を特定し、従業員に予告すること
　以上3つの要件がすべて整った場合にのみ、「振替休日」

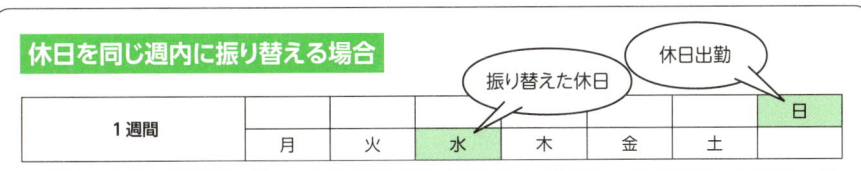

休日を同じ週内に振り替える場合

1週間	月	火	水（振り替えた休日）	木	金	土	日（休日出勤）

同じ週内に休日を振り替える場合、労働日と休日が入れ替わるだけなので、週の労働日は増えませんが、1日8時間、1週40時間の法定労働時間を超えていないか、確認が必要。

休日を別の週に振り替える場合

1週間	月	火（振り替えた休日）	水	木	金	土（休日出勤）	日
別の週	月	火	水	木	金	土	

振替休日が別の週の場合、単純に休日出勤した週の労働日が1日増えるため、1週40時間の法定労働時間を超えることが考えられます。

となります。要件がひとつでも欠けた場合は「振替」ではなく「代休」となります。

■ 代休とは

　代休とは、休日に出勤し労働した代償として、その後の出勤日を休日とすることです。原則として、代休は会社が指定するものですが、従業員の申請によって発生する場合もあります。

　休日に働いたわけですから、休日割増賃金が発生します。 休日に働いた分の通常の賃金と休日割増賃金を支払うことは義務ですが、代休を与えること自体は義務ではありません。

　代休を与えた場合には、同じ賃金計算期間であれば、休日出勤の賃金と代休日の賃金を相殺することができます（ただし、休日割増賃金分は支払わなければなりません）。つまり、賃金の締切日が末日なら、1日から末日までの間に代休を取れば通常の賃金を相殺できるということです。

6 有給休暇の発生要件
入社半年で有休の権利が生まれる

従業員の疲労回復・労働力の維持向上を図るため、また、健康でゆとりある生活のために、有給休暇を与えることが規定されています。

総務の仕事、ここに注意
有給休暇とは、法定要件を満たしたときに「従業員に生ずる権利」です。使用者が有給休暇を取得させないのは労働基準法違反です。

！重要
有給休暇は半日単位で取ることも可能です。平成22年4月より、労使協定により、5日の範囲内で、時間単位で有給休暇を取得できるようになりました。

CHECK
「有給休暇の消化を義務付け」
会社は、社員の有給休暇20日間のうち5日間の有休を取得させることを法的義務とするよう検討されています。

■ 有給休暇の発生要件

　有給休暇の権利を取得するには、**入社日から6カ月間、継続してその会社に勤務していること、その6カ月間を通して全労働日のうち8割以上出勤していることが条件**になります。以下の場合には継続して勤務していると判断されます（「勤務の実態に即し実質的に判断するべき」とされています）。

①定年退職した人が退職日の翌日から嘱託社員として働いたとき
②アルバイトで働いていた学生を、卒業後そのまま正社員として雇用したとき
③病気で休職したのち会社に復帰したとき
④出向したとき

　「8割以上の出勤率」については、全労働日と出勤日で計算します。所定休日に出勤したとしても労働日には該当しません。休日は労働の義務のある日ではないので、出勤日から外します。

　仕事中のケガや病気で休んだ日や、育児・介護のために休業した期間、産前産後の休業期間、年次有給休暇を取った日は出勤した期間として考えます（右ページ例参照）。

> **例**
>
> 入社日……………………2011年1月7日
> 総暦日数…………………181日(2011年1月7日〜2011年7月6日)
> 所定休日…………………土日祝(59日)
> 会社都合の休業日………2011年1月7日〜2011年7月6日までに3日
> 仕事中にケガをして休んだ日数 … 7日
> 欠勤(風邪をひいて休んだ日)…… 2日
>
> **出勤率**
> =
> | 出勤日＝出勤110日＋仕事中のケガで休んだ日7日＝**117日** |
> |---|
> | 全労働日＝総暦日数181日−所定休日59日−会社都合の休業日3日＝**119日** |
>
> =
> **0.98** ← 80％以上だから有給休暇発生

■ 有給休暇の発生する基準日を設ける場合

　入社日から6カ月間勤務して条件を満たせば、10日間の有給休暇を取得する権利が発生しますが、会社によっては有給休暇の発生する基準日を決めている場合があります。入社日が異なる従業員が増えると、それぞれの有給休暇の発生日が異なって管理が大変になります。そこで、この基準日を統一して一斉に付与するわけです。

　たとえば4月1日が基準日になっている場合を考えてみましょう。

　1月に途中入社した社員は通常、7月になるまで（6カ月経過）有給休暇は発生しませんが、4月1日の基準日までの出勤率が8割以上に達しているなら、6カ月分を出社したものとみなして、4月1日に有給休暇を与えるという考え方です。なお、これは法定通りの付与日数を上回るものでなければなりません。

■ 有給休暇の付与日数

　有給休暇は、入社から6カ月以上の継続勤務と8割以上の出勤で10日間発

生し、それ以降は、初めに有給休暇が発生した日から1年ごとに、右ページのように日数が加算されて権利が発生します。

従業員が入院するなどして出勤率が8割未満になると、有給休暇の権利がなくなります。ただし、その次の年に出勤率が8割以上になれば、有給休暇の権利は復活します。

たとえば、6カ月経過後から1年6カ月経過までの1年間の出勤率が8割未満で、有給休暇が発生しなかったときでも、さらに2年6カ月経過後までの1年間の出勤率が8割以上であれば、その時点での有給休暇の権利が12日発生します。

■ パート従業員の場合

パート従業員の場合にも、正社員と同じく有給休暇が発生しますが、働く条件により付与日数が変わります。

入社から6カ月以上の継続勤務と8割以上の出勤という条件は変わりませんが、勤務日数が週4日以下（もしくは1年の勤務日数が216日以下）で、かつ、勤務時間が週30時間未満の場合は、右の比例付与の表のように、所定勤務日数に比例して与えられます。

すべてのパート従業員に権利が発生するわけではありません。

たとえば、1日5時間、週3日働いているパート従業員であれば、入社日から6カ月経過し、全労働日の8割以上出勤すると、5日の有給休暇を取得する権利が生まれます。

■ 時間単位の有給休暇

労働基準法で定められた有給休暇の日数は、就業規則等で決められていない場合でも、パートを含むすべての従業員が会社に請求して取得することができます。また、会社と従業員の間で労使協定を結ぶと、1年に5日分を上限に、時間単位で有給休暇を取得することが可能になります。

CHECK
入社から6カ月後の有給休暇の発生時点でパートだった場合、その後に正社員になったとしても、その年度の有給休暇の日数は増えません。

CHECK
パート従業員の勤務日数が途中で変わったときは、有給休暇発生時点で予定される所定労働日数に応じた有給休暇の日数が与えられます。

CHECK
「時間単位の有給休暇」について労使協定で定める事項
①対象労働者の範囲
②時間単位有給休暇の日数
③1日の時間数
④1時間単位以外の場合の単位時間数

有給休暇

6カ月後に10日発生
その後、1年経過ごとに日数が増える
総日数は20日が限度

基本

勤続年数	6カ月	1年6カ月	2年6カ月	3年6カ月	4年6カ月	5年6カ月	6年6カ月以上
有給休暇日数	10日	11日	12日	14日	16日	18日	20日

1日増　1日増　2日増　2日増　2日増　2日増

比例付与

所定勤務日数		勤続年数						
週	1年間	6カ月	1年6カ月	2年6カ月	3年6カ月	4年6カ月	5年6カ月	6年6カ月以上
5日以上	217日以上	10日	11日	12日	14日	16日	18日	20日
4日	169日〜216日	7日	8日	9日	10日	12日	13日	15日
3日	121日〜168日	5日	6日	6日	8日	9日	10日	11日
2日	73日〜120日	3日	4日	4日	5日	6日	6日	7日
1日	48日〜72日	1日	2日	2日	2日	3日	3日	3日

4章 労働時間・休憩・休日のルール

7 有休の時季変更と計画的付与
有給休暇を計画的に取得させる

有給休暇の取得は、就業規則で定めた手続きによって行なうようにしましょう。長期間の取得の場合、緊急の場合についても定めておくとよいでしょう。

総務の仕事、ここに注意
有給休暇の計画的付与にあたり、5日を超える有給休暇のない従業員については休業手当などを与える対応が必要です。

> **メモ▶**
> 有給休暇の時季の変更は、退職日、解雇予定日を超えてはできません。

> **メモ▶**
> 派遣社員の時季変更については、派遣先ではなく、派遣会社が代替要員を確保できないときに認められます。

> **メモ▶**
> 2週間以上長期間の取得の場合、休暇の申請期限は業務に支障がないように早めに申請するよう定めておくとよいでしょう。

■ 有給休暇の取得と時季変更

　従業員が有給休暇を取得する日を指定すれば、原則取得することができます。ただし、**事業の正常な運営を妨げる場合には、使用者は時季を変更することができます。**

　ただし有給休暇の利用目的によって、状況に応じた配慮をせず時季変更権を行使することは許されないとされています。休暇利用目的は自由なので、利用目的は労働基準法の関知しないところであるとされています。とはいえ、同一日に複数人の従業員から有給休暇の申請があった場合などに対応するため、休暇の申請期限は休暇取得日の3日前までにするなど、あらかじめ決めておくとよいでしょう。

■ 有給休暇の計画的付与

　有給休暇の計画的付与とは、会社の有給休暇の取得率を上げるために、会社が計画的に付与する日を決めることができる制度です。

　ただし、**会社が決めることができるのは、各従業員の有給休暇の5日を超える日数分（前年繰越分を含む）に限られ**ます。図のように、その年の有給休暇が12日発生し、前年の繰越しが3日で合計15日あるとすると、10日分は会社が決めた日に付与できることになります。

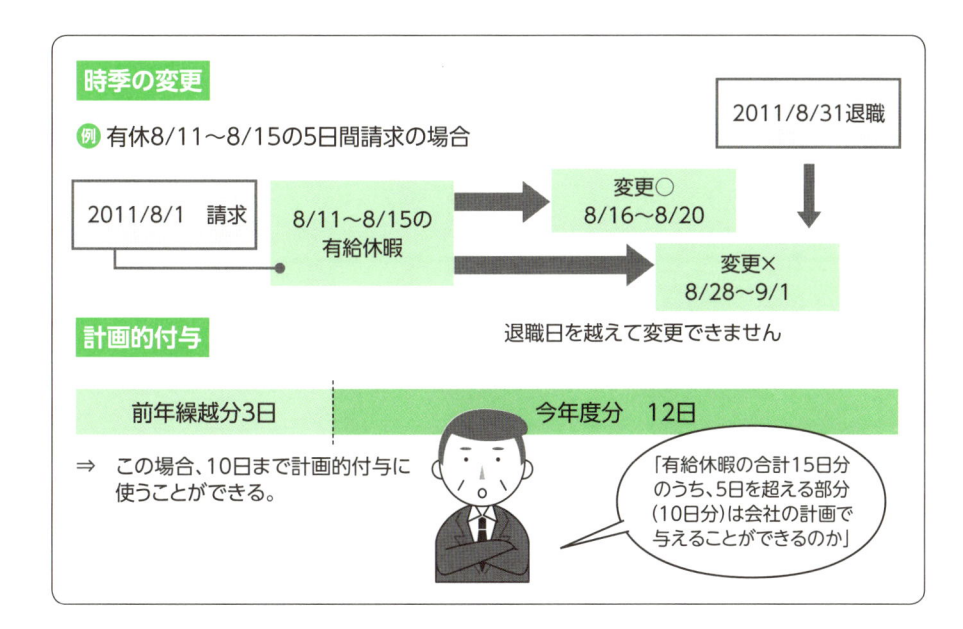

時季の変更

例 有休8/11〜8/15の5日間請求の場合

2011/8/1 請求 → 8/11〜8/15の有給休暇
変更○ 8/16〜8/20
変更× 8/28〜9/1

2011/8/31退職

退職日を越えて変更できません

計画的付与

前年繰越分3日　　今年度分　12日

⇒ この場合、10日まで計画的付与に使うことができる。

「有給休暇の合計15日分のうち、5日を超える部分（10日分）は会社の計画で与えることができるのか」

　なお、計画的付与を導入するには、**計画的付与に関わる労使協定を結ぶ**ことが必要です（労働基準監督署への届出は不要）。

　また、会社の計画的付与の日数部分を夏季休暇や年末年始の休暇に追加して長期休暇とすることは、就業規則等で明文化していれば問題ありません。

　たとえば、8月10日から13日までの4日間が会社の所定休日（夏季休暇）として決まっている場合、さらに長期の休暇にするために、計画的付与を14日以降の休日として追加することができます。

　計画的付与を実施するにあたり、現在の有給休暇の残り日数が5日未満の従業員については、自由に取れる有休の日数が残り5日となるよう、さらに労働基準法を超える日数を与える必要があります。もしくは、有休休暇を与えずに休業させた場合には、会社都合の休業日となり、休業手当（平均賃金の60％以上）を支払うことになります。

　また、計画的付与の前に退職を予定している従業員が、計画的付与分の日数を退職日前に請求した場合は与えなければいけません。

8 有休取得日の給与、有効期限、買い上げ

有給休暇は買い上げなくてもよい

有給休暇取得日の賃金の計算方法は、あらかじめ
就業規則等に定めておきましょう。

総務の仕事、ここに注意

有給休暇の事前の買い上げの予約や、有給休暇を取得したことを理由に従業員に対して不利益な取扱いをすることも禁止されています。

CHECK

毎日の所定労働時間が異なるパート従業員の有休取得日の給与金額については、その取得日の所定労働時間分の全額を支払います。たとえば、4時間勤務の日と6時間勤務の日がある場合、6時間勤務の日を休むときには6時間分の賃金を払うことになります。ただし、就業規則等で平均賃金を支払うように決めておけば、有給休暇取得日の賃金を下げることができます。

変形労働時間制を採用している会社の、時給制の従業員の有休取得日の給与金額は、有休取得日の所定労働時間に応じて算出します。

■ 有給休暇取得日の給与

有給休暇中の給与は、次のいずれかの方法で支払います。
① 労働基準法で定める平均賃金額
　有給休暇を与えた日以前の3カ月間に支払われた賃金総額　÷　その3カ月間の暦日数（54ページ参照）
② 所定労働時間を働いた場合に支払われる給与と同じ金額
③ 健康保険法の標準報酬日額に相当する金額
　これを適用するには、労使協定が必要となります（届出は不要）。

■ 有給休暇の有効期限

有給休暇の権利は2年で時効となり、権利の発生から2年が経過すると権利が消滅することになります。

退職したときや解雇になったとき、会社が倒産した場合にも有給休暇の権利は消滅します。

また、年度内で取得せずに残った有給休暇の日数については、**翌年度に繰り越すことができます**。

■ 有給休暇の買い上げ

有給休暇の買い上げとは、会社が従業員の有給休暇の残日数分を金銭で買い取り従業員に支払うことです。

事前に買い上げの予約をして、本来請求できるはずの有

時効の起算日

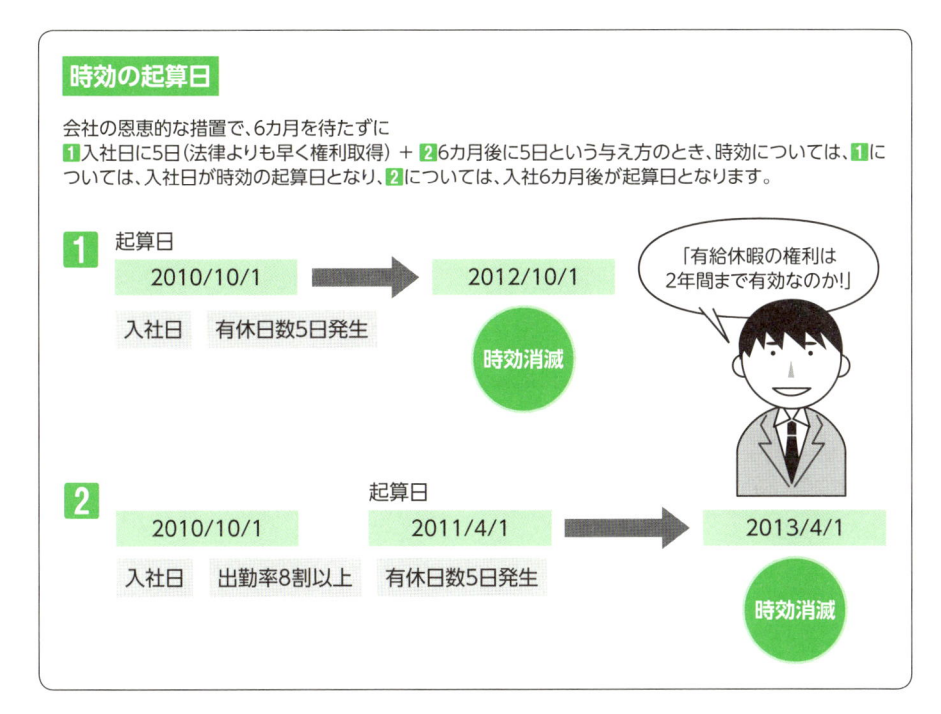

会社の恩恵的な措置で、6カ月を待たずに
1入社日に5日（法律よりも早く権利取得）＋**2**6カ月後に5日という与え方のとき、時効については、**1**については、入社日が時効の起算日となり、**2**については、入社6カ月後が起算日となります。

1
起算日 2010/10/1 → 2012/10/1
入社日　有休日数5日発生　　時効消滅

「有給休暇の権利は2年間まで有効なのか！」

2
2010/10/1　　起算日 2011/4/1 → 2013/4/1
入社日　出勤率8割以上　有休日数5日発生　　時効消滅

休日数を減らすことは違反となり禁止されています。

　ただし、法定付与日数（6カ月で10日付与）を上回る有給休暇を与えている場合には、その上回った日数分を買い上げることは可能です。

　さらに、退職する際に、従業員が消化できなかった有給休暇を買い上げることもできます。

■ **不利益取り扱いの禁止**

　従業員が有給休暇を請求したことを理由に、会社が以下のような不利益な取り扱いをすることは禁止されています（努力義務で、罰則はありません）。

①**有給休暇を取得した日を欠勤、または欠勤に準じて給与から減額すること**
②**有給を取得した日が属する月の賞与や精勤手当を減額すること**

5章 残業と労働時間のルール

1. **36協定**
   残業させるには手続きが必要

2. **特別条項付き36協定**
   月45時間を超える時は特別条項を結ぶ

3. **変形労働時間制の種類**
   変形労働時間制なら1日8時間を超えて働ける

4. **1カ月単位の変形労働時間制**
   月末に業務が集中する時の働き方

5. **1年単位の変形労働時間制**
   季節ごとに業務が集中する時の働き方

6. **フレックスタイム制**
   従業員が働く時間を選択できる

7. **事業場外みなし労働時間制**
   外回りの多い営業マンの労働時間

8. **裁量労働時間制**
   仕事のやり方・労働時間を従業員が決める

1 36協定

残業させるには手続きが必要

労使協定を締結し、届け出ることによって、時間外労働、休日労働をさせることが可能となります。毎年、労働基準監督署に届出することが必要です。

総務の仕事、ここに注意

36協定は労働基準監督署に届け出ないと効力が発生しません。残業をさせる前に届出を済ませておく必要があります。

重要

次の事業または業務には、右の表の限度時間が適用されません。
①工作物の建設等の事業
②自動車運転の業務
③新技術・新商品などの研究開発の業務
④厚生労働省労働基準局長が指定する事業または業務（1年間の限度時間は適用されます）
具体的な指定業務または業務は、労働基準監督署で確認できます。

■36協定とは

　労働契約によって定められた労働時間を超えて、従業員を働かせることは法律上、禁じられています。「従業員に残業をさせることが法律違反なら、会社が成り立たなくなる」と思う方がいるかもしれませんが、実は36協定（**時間外労働・休日労働に関する協定届、通称サブロク協定**）という、残業を認める文書を労働基準監督署に提出すれば、労働時間を超えて従業員が働くことが認められます（労基法第36条）。

　残業をさせる場合には、従業員と毎年36協定を締結し、労働基準監督署に届け出なければなりません。36協定は1回届けて終わりというものではありません。

　36協定では、以下の事項について取り決めます。
①時間外労働をさせる必要のある具体的な事由
②時間外労働をさせる必要のある業務の種類
③時間外労働をさせる必要のある従業員の人数
④1日につき延長できる時間
⑤1日を超える一定の期間（右の表の期間）に延長することができる時間
⑥有効期間（1年間）

残業させることができる時間の限度

一般の従業員の場合

期　間	限度時間
1週間	15時間
2週間	27時間
4週間	43時間
1カ月	45時間
2カ月	81時間
3カ月	120時間
1年	360時間

対象期間が3カ月を超える1年単位の変形労働時間制の場合

期　間	限度時間
1週間	14時間
2週間	25時間
3週間	40時間
1カ月	42時間
2カ月	75時間
3カ月	110時間
1年	320時間

　協定届には、従業員の過半数で組織する労働組合、あるいは従業員の過半数を代表する人の署名・捺印が必要になります。ただし、管理・監督の地位にある人が従業員の代表になることはできません。代表を選ぶときは、投票や挙手によって決めます。

　36協定では、残業をする業務が安易に拡がらないよう、具体的に残業する業務を記載するように求められています。また、協定届に書ききれないときは別紙を添付します。

　36協定で残業時間について、1日、1日を超えて3カ月以内の期間、1年間の3つについて、協定する必要があります。たとえば、1日2時間、1カ月30時間、1年間360時間を限度に残業できる、というように協定します。

　延長する時間には限度があります。何時間でも残業をさせることはできません。

2 特別条項付き36協定
月45時間を超える時は特別条項を結ぶ

災害や、その他避けることのできない理由によって、36協定の限度時間を超えて働かせなければならない場合には、特別条項付きの36協定が必要です。

総務の仕事、ここに注意
ただ単に忙しいというだけで特別条項付き協定を結ぶことはできません。特別な事情が必要で、臨時的なものに限定されています。

> **メモ**
> 「臨時的なもの」とは、特別の事情で一時的に、または突発的に残業をする必要があるものです。
> ただ単に、「業務上必要なために残業することがある」等の定め方では認められません。毎月のように残業が発生する可能性が生じないように、具体的な内容であることが必要です。

■36協定の特別条項付き協定

36協定で残業の限度時間を決めたケースでも、特別条項付き協定をすると、その限度時間を超えて残業させることができます。

1年を通じてではなく、**一時的に限度時間を超えて残業をしなければならない、特別な事態が予想されること**があります。たとえば、決算業務、特売に伴う業務量の増加、緊急トラブルへの対応など、事前に業務量が増えることがわかっている際に、あらかじめ特別条項付き協定を締結しておけば、36協定で定めた限度時間以上の残業をさせることができます。

具体的な理由がなく、単に忙しいという理由では認められません。

■特別条項付きの協定を結ぶための要件

特別条項付きの協定を結ぶには、以下の条件が必要です。
①原則としての延長時間を決めること
②限度時間を超えて残業をしなければならない特別の事情を具体的に決めること
③特別の事情は一時的または突発的であり、全体として6カ月以内に収まると予想されるものであること

1カ月の労働時間の限度と割増賃金率の関係（一般従業員の場合）

	40時間	45時間超	60時間超
法定労働時間内 （割増賃金なし）	25％の 割増賃金	25％の割増賃金 （25％以上の 割増賃金：努 力義務）	50％以上の 割増賃金

※月60時間を超えて時間外労働をさせた従業員については、労使協定により、引上げ分の割増賃金に代えて有給休暇を与えることができます。

60時間を超える時間外労働の割増率（50％以上）の規定は、次の規模の中小企業の猶予措置の廃止が検討されています。

業　種	資　本　金	または	常時使用する従業員数
小売業	5,000万円以下	または	50人以下
サービス業	5,000万円以下	または	100人以下
卸売業	1億円以下	または	100人以下
その他	3億円以下	または	300人以下

④延長する場合の手続き、協議、通告、その他具体的に決めること
⑤限度時間を超えることのできる回数を決めること
⑥限度時間を超える一定の時間を決めること

　厚生労働省は長時間残業を問題視しており、平成22年4月1日から特別条項付きの協定をする場合には、次の要件が追加され、さらに厳しくなりました。
⑦限度時間を超える一定の時間を決めるにあたって、残業時間をできる限り短くするように努力すること
⑧限度時間を超える残業の割増賃金の率を決めること
⑨限度時間を超える残業の割増賃金の率は法定割増賃金率を超える率にするように努力すること

　特別条項付きの36協定の様式は任意になっています。通常の36協定の届出様式の「延長ができる時間の欄」、「下側の欄外」もしくは別紙に記載して届出することができます。

3 変形労働時間制の種類

変形労働時間制なら1日8時間を超えて働ける

変形労働時間制を活用すれば、1日8時間・1週40時間の法定労働時間を効率的な働き方に変えることができます。

総務の仕事、ここに注意

変形労働時間制には、1カ月単位、1年単位などさまざまあります。その中から自社の業務に合うものを導入することで、残業代を減らすことができます。

> **重要**
> 労働基準法では、工場や営業部門、管理部門など就業形態の異なる部署で、それぞれ違う労働時間の制度を導入することが認められています。変形労働時間制は、特定の部署だけに採用することができます。

■ 変形労働時間制の特徴

会社は従業員を1日8時間、週40時間を超えて労働させると2割5分増以上の割増賃金の支払いが必要となります。ところが変形労働時間制を導入すれば、この法定労働時間の枠を超えて労働させた場合でも、必ずしも割増賃金を支払わなくてよくなります。

これは、たとえば、忙しい日は10時間働かせるが、暇な日は6時間しか働かせない、といった変形した労働時間をあらかじめ採用することで、**8時間を超えて働かせたとしても割増賃金を支払わなくてもよい制度**です。変形労働時間制は、残業代を減らして人件費を圧縮するのに、とても有効な手段です。

①1カ月単位の変形労働時間制

1カ月以内の一定の期間を平均し、1週間の労働時間が40時間以下の範囲内で特定の日や週について1日8時間、1週40時間の法定労働時間を超えて従業員を働かせることができます。

②1年単位の変形労働時間制

労使協定を結び、所轄の労働基準監督署に届け出ることによって、1年以内の一定の期間を平均し、1週間の労働

```
法定労働時間を超えて労働  →  割増賃金

1カ月単位の変形労働時間制
1年単位の変形労働時間制        →  残業代カット
フレックスタイム制
1週間単位の非定型的変形労働時間制

（吹き出し）変形労働時間制って何だろう？
```

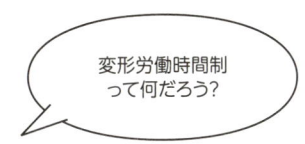

時間が40時間以下の範囲で特定の日や週について1日8時間、1週40時間の法定労働時間を超えて従業員を働かせることができます。

③**フレックスタイム制**

　1カ月のうち一定期間の労働時間を決めて、従業員がその範囲内で各日の始業、終業の時刻を自分の判断で決めて働きます。

④**1週間単位の非定型的変形労働時間制**

　日ごとの業務に著しい繁閑の差があるために、各日の労働時間を特定することが難しい従業員規模30人未満の小売業、旅館、料理店、飲食店の使用者は、労使協定を結び、所轄の労働基準監督署に届け出ることによって、1日につき10時間まで労働させることができる制度です。

　ある特定の部署だけ忙しい時季があるならば、その特定部署だけ変形労働時間制にすることもできます。会社の必要性に合わせて設計できるのも、変形労働時間制の利点です。

4　1カ月単位の変形労働時間制

月末に業務が集中する時の働き方

「月初や月末が特に忙しい」など、1カ月のうち特定の週の残業が多い職場に適しているのが1カ月単位の変形労働時間制です。

総務の仕事、ここに注意

1カ月の所定労働時間の限度は、その月の日数が31日なら177.1時間、30日なら171.4時間など、その月によって異なります。

重要
あらかじめ定めた労働時間を超えた場合には、割増賃金を支払わなければなりません。法定労働時間の8時間以内に定めた日（7時間）の場合、8時間以上の労働時間になった際に割増賃金が発生します。

CHECK
1カ月の変形労働時間制は原則、1週間の平均労働時間を40時間以下に設定しますが、従業員数が10人未満の商業・映画演劇業・保健衛生業・接客娯楽業（特例措置事業所）は1週44時間で計算できるので、1週間の平均労働時間が44時間以下の範囲内になるように労働時間を決めることができます。

■ 導入メリット（労基法第32条の2）

　1カ月の変形労働時間制を導入するメリットがあるのは、**1カ月の中で繁忙日と閑散日がある職種**、たとえば、月初・月末は毎日2時間の残業があるのに、月の中頃は定時まで働かなくても仕事が終わるような職種です。

　1カ月のうち、月末が特に忙しいA社が1カ月単位の変形労働時間制を導入した効果を見てみましょう。A社は始業時刻が9時、終業時刻が18時で、1日の所定労働時間が8時間です。月末の5日間は始業時刻を9時、終業時刻を2時間延長し20時にする場合、この5日間は20時まで従業員が働いても残業代を払う必要がありませんが、20時以降に残業した場合には、残業代を払うことになります。

　また、あまり忙しくない週は始業時刻を9時、終業時刻を1時間短縮して17時として、7時間勤務とすることができます。

　うっかりしやすいのは、1カ月の所定労働時間の総合計です。その月の日数が31日なら177.1時間、30日なら171.4時間、2月は160時間以内になるようにします。

　40時間×31日（その月の暦日数）÷7日

　この時間を超えると、残業代の支払いが必要となります。

月末に業務が集中する場合の変形労働時間制の例

[図：上段は毎日8時間勤務（1日～30日）、下段は変形後の勤務時間]
- 1日～4日（火水木金）：7時間勤務　計28時間
- 7日～11日（月火水木金）：7時間勤務　計35時間
- 14日～18日（月火水木金）：7時間勤務　計35時間
- 21日～25日（月火水木金）：21日～23日は7時間勤務、24日・25日は10時間勤務　計43時間
- 28日～30日（月火水）：10時間勤務　計30時間

総合計：28時間＋35時間＋35時間＋43時間＋30時間＝171時間＜171.4時間（30日）

■導入方法

　1カ月単位の変形労働時間制を導入するときには、就業規則等で変形期間を平均し1週間あたりの労働時間が週法定労働時間を超えないよう定める必要があります。就業規則や労使協定は所轄の労働基準監督署長に届け出なければなりません。労使協定では以下の項目について定めます。

①対象となる従業員の範囲
②変形期間（1カ月以内）と1カ月の始まりとなる起算日を決めておかなければなりません。月初めの1日を起算日にする会社が多いです。
③変形期間中の各日及び各週の労働時間
④労使協定の有効期間

■導入の注意点

　月ごとに勤務割を作成する業務の場合、勤務シフト表を作成して、勤務日、労働時間などを変形期間の開始前までに従業員に提示することが必要となります。

5 1年単位の変形労働時間制
季節ごとに業務が集中する時の働き方

1年のうち、特定の季節の労働時間が長くなる職場の残業を減らすのに向いているのが、1年単位の変形労働時間制です。

総務の仕事、ここに注意

1年単位の変形労働制の労働時間の限度は1日10時間、1週52時間です。中途入社・退職者は、働いた労働時間を平均して、1週間あたり40時間を超えた分について、残業代を支払うことになります。

CHECK
割増賃金の計算で対象期間の途中に入退社した者への賃金計算が必要です。
「その労働した期間が対象期間よりも短い者」については、その労働させた期間を平均して1週間あたり40時間を超えた時間について割増賃金が発生します。

■導入メリット（労基法第32条の4）

1年単位の変形労働時間制は、1年のうち、忙しい時期が異なる仕事に適した仕組みです。

どんな会社に効果があるかというと、仕事が忙しくなる月が12月や3月に集中するとか、7月〜8月などの特定の時期に集中するとか、**特定の日・週や特定の季節・月が忙しくなる仕事をしている会社や部署**です。

たとえば、お中元とお歳暮が忙しいデパート、スーパー、小売店が1年単位の変形労働時間制を導入すると、効率的な働き方ができます。繁忙期が7月、8月、12月であればその月の休日数を少なく設定し、かわりに業務量が減る時期である1月、2月などに休日数を多く設定するのです。

従業員数が10人未満の商業・映画演劇業・保健衛生業・接客娯楽業の特例措置事業所も1週40時間以下の範囲内で労働時間を決めます。1カ月の変形労働時間制と異なり、1週44時間の特例は使えなくなります。

■導入方法

労働日、労働時間を決めて年間カレンダーを作成し、以下の事項について労使協定を結び、毎年、労働基準監督署に届出します。

対象期間における所定労働時間の限度	
1年	2,085.7時間
1年（うるう年）	2,094.1時間
3カ月（92日）	525.7時間
3カ月（91日）	520時間
3カ月（90日）	514.2時間

所定労働時間	1月	2月	3月	4月	5月	6月	7月	8月	9月	10月	11月	12月	合計
9時間				9	9	9	9	9					
8時間			8						8	8	8		
7時間												7	
6時間	6	6											
労働日数	19	19	22	22	22	22	22	20	20	20	20	21	249
月間労働時間	114	114	176	198	198	198	198	180	160	160	160	147	2,003

年間総労働時間　2,003時間
週平均労働時間　2,003時間÷（365日÷7日）＝38.4時間

①対象となる従業員（全員なのか、特定の部署のみか）
②対象期間（1カ月を超え1年以内で設定）とその起算日
③特定期間（対象期間中の特に業務が繁忙な期間）
④対象期間の労働日とその労働時間
⑤労使協定の有効期間

■ 導入の注意点

　就業規則の届出義務がある会社は労使協定の届出だけでなく、就業規則にも1年単位の変形労働時間制の導入を記載する必要があります。年間カレンダーまたは当該変形期間のカレンダーを作成して管理することが必要となり、勤務日と勤務時間、休日を決定し、1年単位の変形労働時間制に関する協定届と年間カレンダーを添付して毎年、労働基準監督署に届け出ます。

6 フレックスタイム制
従業員が働く時間を選択できる

フレックスタイム制は、従業員が勤務時間を決められる制度です。システム開発など、従業員の裁量で労働時間を決められる職種に適しています。

総務の仕事、ここに注意

フレックスタイム制であっても、会社は全員の労働時間を把握する必要があります。コアタイムが極端に長いとフレックスタイム制と認められません。

> **重要**
> フレックスタイム制の割増賃金は、清算期間（1カ月以内）の総労働時間を超えた場合に、その超えた時間について発生します。法定休日や深夜労働については別途割増賃金が発生します。

■導入メリット

フレックスタイム制は、一定範囲内で従業員が出社・退社の時刻を自由に決められるので、各自の生活スタイルに合わせた勤務時間にすることができます。たとえば、朝、病院に行ったり、夕方、カルチャーセンターに行くなど、働く人の都合に合わせやすくなります。

フレックスタイム制の特長は、**従業員が働き始める時刻と終わる時刻を決められる**（フレキシブルタイム）点です。この時間帯は必ず勤務してほしいというコアタイムを設定することもできますし、設定しないことも可能です。

フレックスタイム制を導入する条件として、労使協定で対象となる従業員の範囲を決めます。外部との接触がない部署はフレックスタイム制になじみやすく、外部との接触が多い部署はなじみにくい傾向にあります。

次に、1カ月以内の一定期間（清算期間）を平均して、1週間の平均労働時間が週40時間以内になるように、清算期間の総労働時間を決めます。たとえば、1カ月の総労働時間を173時間とした場合、総労働時間が173時間になるように各日の始業・終業時刻を決めます。

フレックスタイムの例

```
7:00  9:00  10:00  12:00  15:00  17:00  19:00
       |――――――通常の勤務時間――――――|
                    ↓
7:00  9:00  10:00  12:00  15:00  17:00  19:00
                |―コアタイム―|
      フレキシブルタイム  必ず勤務している時間帯  フレキシブルタイム
      従業員が出社時刻を                        従業員が退社時刻を決
      決める時間帯                              める時間帯
```

ウチの会社は10時から15時は必ず人が揃っていてほしいな。

■ 導入方法（労基法第32条の3）

①就業規則などにフレックスタイム制の導入を記載する
②就業規則を労働基準監督署に届け出て、従業員に周知させる
③労使協定を作成（労働基準監督署への届出は不要）
ⅰ対象従業員の範囲、ⅱ労働時間の清算期間、ⅲ清算期間中の総労働時間、ⅳ1日の標準労働時間、ⅴコアタイム・フレキシブルタイムの時間帯
※ⅴの時間帯は設定しなくてもよい

■ 導入の注意点

　注意すべきは、「実際に働いた時間が清算期間の総労働時間より多いときには、残業代が発生する」点です。逆に少ないときは、不足分の労働時間を翌月にプラスして働いてもらうか、不足分の賃金を減額することもできます。なお、1人の従業員が通常の勤務時間とフレックスタイムを併用することは認められません。また、急な業務の都合で会社が一方的にフレキシブルタイムの時間帯に出社時刻を指定することもできません。

7 事業場外みなし労働時間制
外回りの多い営業マンの労働時間

営業マンなど、事務所の外で仕事をする職種の労働時間を把握することは困難ですが、あらかじめ決めた時間を「労働したとみなす」ことができます。

総務の仕事、ここに注意

携帯電話などで会社の上司からいつも連絡が取れ、管理されている場合は、「事業場外みなし労働時間制」は当てはまりません。

CHECK
社外だけではなく、社内で一部の時間を働いている場合は、社内での労働時間とみなし労働時間を足して把握する必要があります。

■事業場外労働のみなし制 (労基法第38条の2)

会社には従業員の労働時間を適正に把握し管理する必要があります。しかし、社外で仕事をする営業マンのように、会社が労働時間を把握しにくい職種があります。その場合に例外的な取扱いとして、事業場外労働という制度があります。**その事業場外労働について、特定の時間を労働したとみなすことのできる制度**です。

■みなし労働時間の算定方法

①原則、みなし労働時間は所定労働時間となります。つまり、午前9時から午後6時までが所定労働時間であれば、その時間、労働したとみなします。

②所定労働時間を超えて労働する必要がある場合には、その業務の遂行に通常必要とされる時間を残業したとみなします。つまり2時間残業する必要があれば、その2時間を含めた時間がみなし労働時間となります。

この場合、あらかじめ労使協定でみなし労働時間を決めておくこともできます。

社外の業務を遂行するために通常必要とされる時間は、対象従業員の社外での業務内容の実態により必要時間が違うため、社外での業務に実際に必要とされる時間を設定し、

> **携帯端末などで上司から管理されているときはNG！**
>
> みなし労働時間制は、時間管理ができない職種に導入できます。
> 携帯電話で上司の指示を受けながら仕事をしているような場合は、会社が労働時間の管理をすることが可能なのでみなし労働時間制の対象になりません。

労使で確認協定書を作成します。

　労働時間の一部を社内で働いた場合には、その時間は通常の勤務と同様に把握しなければならず、みなし労働時間に組み込むことはできません。したがって、一部の労働時間を社外で働いた場合、社内での労働時間と社外のみなし労働時間を足した時間が実労働時間となります。

■ **在宅勤務**

　情報通信機器を活用して、自宅で仕事をする「在宅勤務」という勤務形態は、みなし労働時間制の対象になるでしょうか？　次の3点すべてに当てはまる場合、在宅勤務でもみなし労働時間制にできます。

①在宅での業務が居住している自宅で行なわれること
②業務で使用する情報通信機器が会社から常時通信可能な状態におくように指示されていないこと
③会社からの具体的な指示で業務をしていないこと（会社の管理・監督を受けていない状態にあること）

8 裁量労働時間制

仕事のやり方・労働時間を従業員が決める

裁量労働時間制には、従業員に業務の内容や時間配分の裁量を任せる専門業務型裁量労働時間制と、企画業務型裁量労働時間制の2種類があります。

総務の仕事、ここに注意

裁量労働時間制は、実際の労働時間にとらわれず、従業員が主体的・創造的に働ける制度です。成果主義の賃金制度に適した制度でもあります。

▶メモ▶
企画業務型裁量労働時間制の対象者に、職務経験のまったくない新人は該当しません。

　裁量労働時間制とは、業務遂行の方法や時間配分等について、使用者が具体的指示をせず従業員の裁量に委ねた場合、**あらかじめ定めた時間働いたとみなすことができる制度**です。たとえば、マスコミの記者や営業企画の業務などで裁量労働時間制が導入されています。

　裁量労働時間制でも、使用者は、従業員の勤務状況を把握しておかなければなりません。

　裁量労働時間制には、**専門業務型**と**企画業務型**の2種類があります。

■ **専門業務型裁量労働時間制**（労基法第38条の3）

　専門業務型裁量労働時間制を導入するためには、以下について労使協定を結び、労働基準監督署へ届出します。

　①対象業務、②みなし労働時間、③業務の遂行手段、時間配分の決定等に関し具体的な指示をしないこと、④対象業務に従事する従業員の健康・福祉確保のための措置、⑤対象従業員からの苦情処理に関する措置、⑥協定の有効期間、⑦④と⑤に関する対象従業員ごとの記録の保存（有効期間中及び対象期間満了後3年間）

■ **企画業務型裁量労働時間制**（労基法第38条の4）

　企画業務型裁量労働時間制は、一定の要件をクリアした

> **専門業務型裁量労働時間制**
>
> 専門業務型は、労使協定に必要な項目を定めれば、その特定の業務で働いた者の労働時間は、労使協定の中で定めた「みなし労働時間」を働いたとみなすことができます。
>
> **専門業務型裁量労働時間制が認められている19の専門業務**
>
> 省令で定める業務
> ①新商品、新技術の研究開発の業務
> ②情報システムの分析、設計の業務
> ③新聞、出版、放送における取材、編集の業務、
> ④衣服、工業製品、広告等の新たなデザイン考案の業務
> ⑤プロデューサー、ディレクターの業務
>
> 告示で定める業務
> ⑥コピーライターの業務
> ⑦システムコンサルタントの業務
> ⑧インテリアコーディネーターの業務
> ⑨ゲーム用ソフトウェアの創作の業務
> ⑩証券アナリストの業務
> ⑪金融工学等の知識を用いて行う金融商品の開発の業務
> ⑫大学における教授研究の業務
> ⑬公認会計士の業務
> ⑭弁護士の業務
> ⑮建築士(一級建築士、二級建築士及び木造建築士)の業務
> ⑯不動産鑑定士の業務
> ⑰弁理士の業務
> ⑱税理士の業務
> ⑲中小企業診断士の業務

場合に限って、あらかじめ決めた時間を働いたものとみなす制度です。

対象となるのは、企画、立案、調査、分析を相互に関連させ、組み合わせて行なう業務で、かつ、業務の遂行手段及び労働時間配分の決定等に関して会社が具体的な指示をしない業務です。

ただし、裁量労働時間制を導入するためには、労使委員会を設けなければなりません。労使委員会は会社側と従業員側それぞれ半数として、次の①から⑧について、委員の5分の4以上の多数で決議しなければなりません。

①対象業務の範囲、②対象従業員の範囲、③みなし労働時間、④労働時間の状況に応じた対象従業員の健康・福祉確保のための措置、⑤対象従業員からの苦情処理に関する措置、⑥従業員の同意の取付及び不同意者の不利益取扱いの禁止、⑦決議の有効期間の定め(3年以内が望ましい)、⑧ ④⑤⑥に関する従業員ごとの記録の保存(有効期間中及び対象期間満了後3年間)

6章 けがや災害の防止とメンタルヘルス対策

1. 労災保険
   仕事中・通勤のけがをカバーする

2. 過重労働による健康障害の防止
   80時間を超える残業に注意する

3. 精神疾患の労災認定基準
   今、職場に増えつつある心の病

4. 休職期間中の会社の対応
   心の病で休職期間中の対応・ルールについて

5. 休職期間終了後の対応
   休職期間が終わった後

1 労災保険
仕事中・通勤のけがをカバーする

労働者災害補償保険は、仕事中・通勤中のけがや病気、障害、死亡について、従業員の療養から、遺族の補償までをカバーします。

総務の仕事、ここに注意

従業員が仕事中（通勤中を含む）にけがや病気をしたなら労災保険の扱いとなって、仕事中でなければ健康保険の扱いになります。労災保険はパート・アルバイトにも適用されます。

メモ▶
従業員が業務災害や通勤災害で被った被害の補償については、労災保険のほかに使用者に対して行なう労災民事訴訟制度があります。従業員やその遺族は、けがや病気の治療費のほか慰謝料を含めて全額を損害賠償で求めることができます。

メモ▶
自動車事故の場合には、労災保険も請求対象ですが、自賠責保険を優先して請求します。

■ 業務災害

　業務災害とは、仕事中にけがや障害を負ったり、死亡したりすることを指します。仕事が原因で後から病気になったものも、業務災害となる場合があります。

　「業務上」であるかどうかは、**業務遂行性**（使用者の支配下にあるかどうか）、**業務起因性**（従業員が行なっていた業務が原因なのかどうか）によって判断されます。

　出張中や営業で外出中にけがをした場合も、「仕事中」と判断されて業務上の扱いになります。そのほか、業務中に飲水する、用を足すといった行為も業務に含まれます。

　また、休憩時間中は労働時間外ですが、会社の中で休憩中に物が落ちてきて事故にあったような場合で、会社の施設そのものが原因となれば業務上の扱いになります。

■ 業務災害の判断について

　地震や台風・豪雨による被害といった天災が原因でけがをしても業務災害には該当しません。

　しかし、業務の環境や天災に対して被害を受けやすい状況で働いていた場合には、業務災害として扱われる可能性があります。たとえば、工事作業員が暴風を受けて落下した、というケースはそれに当たります。

> **「業務上」の判断基準**
>
> **1 業務遂行性**
> 会社の支配下にあるかどうか
>
> **2 業務起因性**
> 従業員が行なっていた業務が原因かどうか

　会社の忘年会、懇親会、旅行、運動会などの行事中のけがは、その参加が会社の強制でなければ業務災害にはなりません。

　しかし、会社から命じられてその行事のリーダー等役職に就いている場合には、業務災害として認められる場合があります。

　ただし、故意に起こした事故や飲酒運転で負傷したなどの過失がある場合には、労災保険からの給付を制限されることがあります。

■ **通勤災害**

　通勤災害とは、通勤中の事故によってけがや病気、障害、死亡の状態になったものを言います。

　労災保険における通勤とは、次ページの①〜③のように自宅からの往復以外に、複数の場所で働く場合や単身赴任者の扱いに分かれていて、それぞれ合理的な経路及び方法によって移動することを示しています。

　「**合理的な経路及び方法**」とは、通勤にかかる時間や料金が合理的か、電車やバスなどの交通機関の使用方法が合理的か、といった観点で判断されます。

　会社に届け出た経路が１種類だったとしても、通勤手段によって複数の経路があったり、交通事情が理由で迂回したという場合にも通勤災害は認めら

> **メモ**
> 代表取締役や他の役員は労災保険には加入できません。代わりに、特別加入制度を使うことになります。

> **判例**
> 帰宅途中、食事をとり、再び通勤経路に復した後の災害は、通勤災害と認められませんでした。

> **判例**
> 入院している夫の看護のために病院に寝泊りしていて、病院から出勤する途中の災害は、通勤災害と認められました。

れます。

① **住居と就業場所との往復**
② **複数の場所で働いている場合**
・住居から第1の就業場所への移動
・第1の就業場所から第2の就業場所への移動
・第2の就業場所から住居への移動
③ **単身赴任者の場合**
・赴任先住居と就業場所との往復
・帰省先住居と就業場所との往復
・赴任先住居と帰省先住居との往復

■ **通勤の逸脱・中断**

　通勤の途中で経路を逸脱したり中断した場合に事故にあったとしても、通勤災害は認められません。

　しかし、その逸脱や中断が「日常生活上必要な行為」を行なうために、やむを得ず最小限度の時間や距離で行なわれた場合には、逸脱・中断の後から通勤災害が認められます。

　日常生活上必要な行為とは、日用品の購入や病院や診療所での診察・治療、選挙権の行使(投票)、家族の介護などが挙げられます。

　この場合、経路を逸脱・中断している最中は通勤災害の対象ではありません。

■ **通勤の範囲から除かれる移動**

・会社の提供するマイクロバス等を利用して通勤する場合
・緊急用務のため予定外に緊急出勤する場合
・出張中の移動
　上記はいずれも業務災害として扱われます。

①の場合

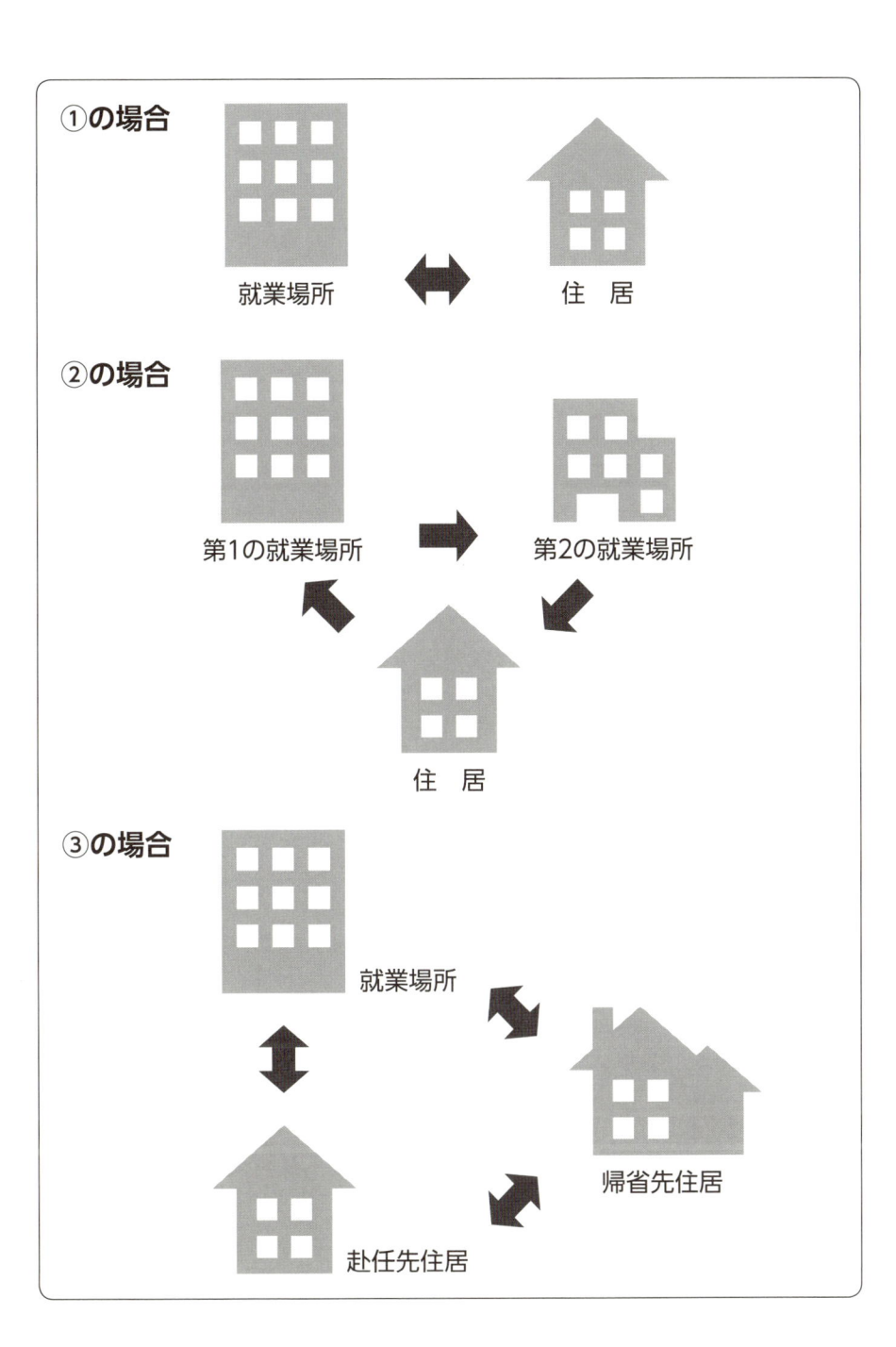

就業場所 ⇔ 住居

②の場合

第1の就業場所 → 第2の就業場所
↑ ↙
住居

③の場合

就業場所
⇕ ⇔ 帰省先住居
赴任先住居 ⇔

2 過重労働による健康障害の防止
80時間を超える残業に注意する

過労死や過労自殺の問題が増加していることから、
長時間労働を強いられる従業員の健康管理が重要になっています。

総務の仕事、ここに注意

使用者または業務上の指揮監督を行なう者は、従業員の性格を十分考慮し、あらゆる事態を予想し、予見することが必要です。

判例
過重な業務負担によって従業員がうつ病にかかり自殺した電通事件では、従業員が恒常的に著しく長時間にわたって業務に従事していること、またその健康状態が悪化していることを認識しながら、その負担を軽減させる措置をとらなかった上司に過失があるとして、会社の使用者責任が肯定されました。

■ 過労死・過労自殺

過労死とは、長時間労働やストレスが原因となって、脳血管疾患、心臓疾患などを発症して死亡することです。

これに対して過労自殺とは、仕事による過労が重なり、「うつ病」などを発症して自殺してしまうことで、過労死のひとつとして位置づけられるものです。

厚生労働省の指針によると、過労死の認定基準は発症前6カ月間の長期間において疲労の蓄積を考慮するというものです。以下の条件に当てはまる場合には、業務と病気の関連性が高いと判断される傾向にあります。

①発症前1カ月又は6カ月間にわたり、**1カ月あたりおおむね45時間を超える時間外労働**をしていた場合、関連性が徐々に強まる

②**発症前1カ月間に100時間を超え、もしくは発症前2カ月又は6カ月間にわたり、1カ月あたりおおむね80時間を超える時間外労働**をしていた場合、関連性が高い

労働契約法第5条では、「使用者は、労働契約に伴い、労働者がその生命、身体等の安全を確保しつつ労働することができるよう、必要な配慮をするものとする」と定めています。

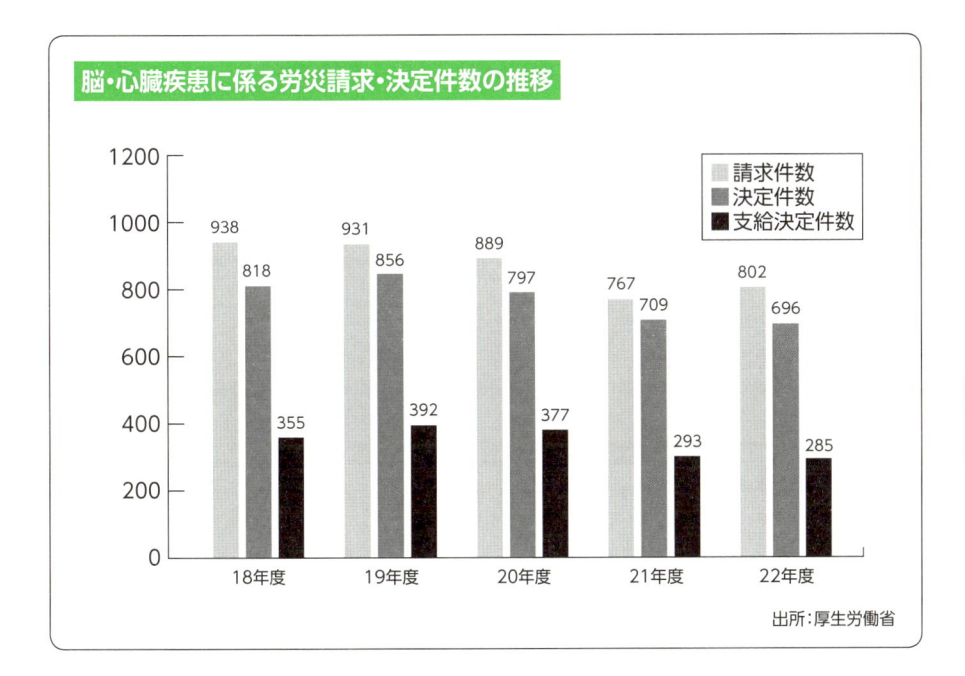

脳・心臓疾患に係る労災請求・決定件数の推移

年度	請求件数	決定件数	支給決定件数
18年度	938	818	355
19年度	931	856	392
20年度	889	797	377
21年度	767	709	293
22年度	802	696	285

出所：厚生労働省

■ **管理監督者の時間管理**

　管理監督者（所長、部長、工場長など。72ページ参照）は、一定の要件を満たせば労働時間・休憩・休日の原則が当てはまらずに、1日8時間、週40時間を超えて労働させることができます。しかし安全配慮義務がなくなるわけではありませんので、著しい長時間残業や休日返上での出勤には注意が必要になります。

　使用者としては、管理監督者が労働時間・休憩・休日の基本ルールが適用されないという理由で勤務状況を任せきりにすることなく、出勤簿などの管理によって労働時間を把握することが必須です。

　管理監督者の時間管理と同時に、職場の監督者には過労死や過労自殺といった問題が増加しています。過労死や過労自殺が発生すると、会社が多額の賠償責任を負う可能性があります。

　使用者は管理監督者の心身の健康状態を把握しながら、健康を害する可能性のある者に対して長時間の勤務を軽減するようにしましょう。

3 精神疾患の労災認定基準
今、職場に増えつつある心の病

うつ病など心の病になる人が年々増加しています。労災の申請・認定件数も増加しており、多くの会社で労務管理上の重要な課題となっています。

> **総務の仕事、ここに注意**
> 会社には安全配慮義務・健康配慮義務があります。1カ月あたり80時間残業をさせた場合、仕事と病気の関係は非常に高いと判断される傾向にあります。

CHECK
平成23年12月、厚生労働省は「心理的負荷による精神障害の労災認定基準」を発表し、今後の新基準として迅速な審査が行なわれることになりました。

❶重要
ストレスチェック制度（H 27.12. 1施行）常時使用する従業員数が50人以上の事業所に、ストレスチェックと面接指導の実施を義務付ける制度ができました（50人未満の事業所は努力義務）。定期的にストレスチェックを実施することによって、メンタルヘルス不調を未然に防止することが目的です。

■ 職場での心の病とは

　これまで、労災が対象とするのはほとんどが業務中に発生した「負傷」でした。ところが、今や、職場における精神疾患も次々と労災認定されるようになりました。

　労災認定を受けると企業責任が認められ、賠償責任を負う可能性や、風評被害などのリスクが生じます。

　病気の中でも特に職場で問題となっている心の病、うつ病について、ここで取り上げます。

　職場でうつ病になってしまう原因は、どういったところにあるのでしょうか？

　会社を取り巻く環境はこの十数年の間に大きく変わり、雇用の形態が多様化しました。正社員やアルバイト、契約社員、派遣社員、請負など、さまざまな形態の人が同じ職場で働いています。立場の違う人たちと働く中でコミュニケーションがうまく取れずに、ストレスを抱える人が増えています。

　日頃から部下と接している管理監督者は、それぞれの職場で従業員がどのようなストレスを感じているのかを把握し、その環境を改善していく責任があります。部下の相談相手となって、職場の環境について理解していることが必

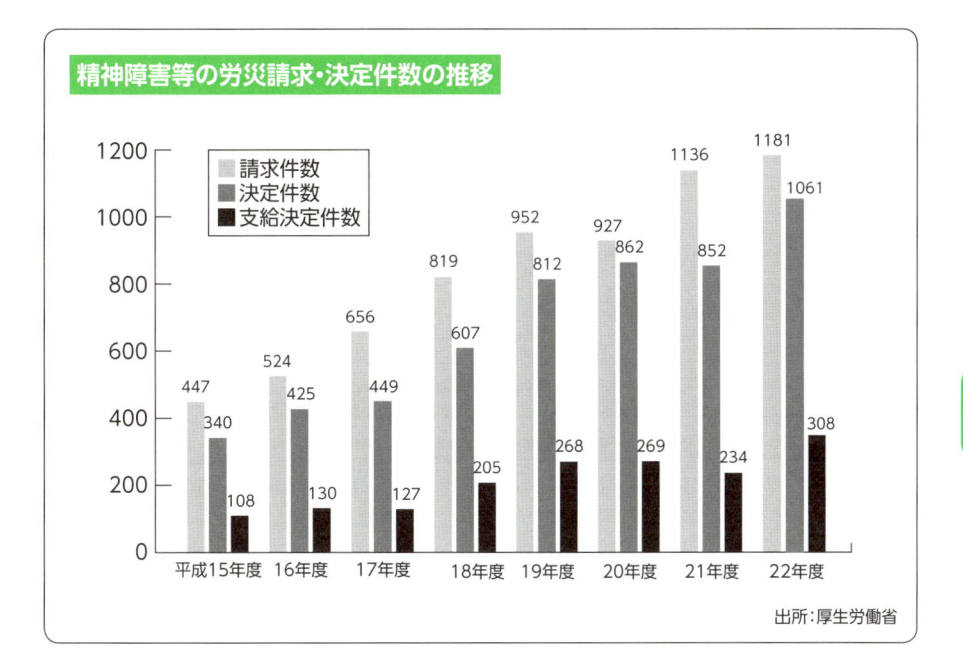

精神障害等の労災請求・決定件数の推移

年度	請求件数	決定件数	支給決定件数
平成15年度	447	340	108
16年度	524	425	130
17年度	656	449	127
18年度	819	607	205
19年度	952	812	268
20年度	927	862	269
21年度	1136	852	234
22年度	1181	1061	308

出所：厚生労働省

要です。

　具体的には、**時間外労働の実態を把握すること**や、**パワーハラスメントなどの問題**が発生していないか、部下の言動や行動に変化はないかなど、日常のささいな変化に気を配りながら従業員の異変に気づくことが大切です。

　心の病の発生原因がどこにあり、職場ではどのような対応・支援が必要かを検討することが重要になります。

■ 心の病の労災認定基準とは

　心の病が労災認定されるのは、以下のような場合です。
① うつ病等対象となる心の病になっていること
② 発病前おおむね６カ月の間に、客観的に心の病を発症させるおそれのある仕事による強いストレスが認められること
③ 仕事以外のストレスや、本人の状態や性格等によって心の病になったとは認められないこと

4 休職期間中の会社の対応
心の病で休職期間中の対応・ルールについて

休職中の従業員には定期的に会社の情報を提供する、従業員から病状の経過報告をしてもらうといったやりとりが必要なほか、個人情報の保護にも注意しなければなりません。

> **総務の仕事、ここに注意**
> うつ病の治療は長期間に及ぶケースが多いため、人事担当者と休職者とが定期的に連絡を取り合ったり、報告書で確認したりすることが必要です。

CHECK
病気休業の場合には労働義務のない日になるため、年次有給休暇を請求することはできません。
休職制度がある場合、休職命令をせずに解雇とすることは解雇権濫用であり無効となります。休職制度があるならば、原則としてまず休職で対応するべきです。

■休職中の従業員から報告

社内に休職中の従業員がいるなら、定期的に病状を報告させるようにしましょう。

会社は、休業している従業員が療養に専念しているか、大きな不安などを抱えていないかを確認することが必要です。また、当初は症状が重いと判断していたのに早い段階で回復していることもあるからです。

いずれにしても、従業員が休職に入る前に連絡の態勢を整えて状況を報告してもらうよう説明することが必要です。

■会社からの連絡事項について

従業員からの連絡だけではなく、会社から内部の人事異動や制度変更についても情報を提供しておくことが大切です。休職中に会社が連絡を取らないと、職場から取り残されたと感じたり、経済的な不安も伴って症状を悪化させてしまうことがあるからです。うつ病の治療は長期間に及ぶケースが多いため、人事担当者と休職している従業員とが定期的に連絡を取り合うことが必要です。

■個人情報の取扱い

メンタルヘルスに関する個人情報の取扱いは、社内の保

```
┌─────────────────────────────────────────────────────┐
│  休職中の従業員との      ┌─────────────────────────┐ │
│  連絡態勢を整える    ➡  │ *従業員から定期的な報告をもらう │ │
│                         │ *会社から内部の情報を提供する │ │
│                         └─────────────────────────┘ │
│                                                     │
│                         ╭─────────╮                 │
│                         │ 連絡態勢、│                 │
│                         │ 人事異動、│                 │
│                         │ 制度変更……│                 │
│                         ╰─────────╯                 │
│                  (👤)                               │
└─────────────────────────────────────────────────────┘
```

健管理の担当者や、情報を必要とする管理者の間でのみ、適正に管理することと、その管理方法にも注意してください。

従業員の個人情報には給与や人事考課、家族の情報など他人に知られたくないものが多くありますが、中でもメンタルヘルスの健康情報は、特に適切な保護が必要な情報です。

メンタルヘルス不調者の回復には、上司や同僚の理解と協力が欠かせないもので、会社が持つ情報を積極的に活用することが要請される場合もあります。そうであっても、症状や治療方針、治療期間などの個人情報を安易に開示することなく、従業員本人に使用目的をしっかりと知らせて、同意を得たものだけを使用するようにしなければなりません。

■ **休職期間中の賃金と社会保険料**

休職中は、無給であるのが一般的ですが、会社によっては一定期間、賃金を補償する場合もあります。社内のルールを明確にしましょう。

また、休職中を無給にしたとしても社会保険料は会社負担分、従業員負担

分ともに発生します。このため、「健康保険の傷病手当金を受けさせて、賃金はなし」という規定だけでは不十分です。

従業員負担分については、休職期間中は会社が立て替えて、復帰後に会社が従業員に請求するという方法も取れますので、併せて決めておきましょう。

■ 職場へ復帰させるときの対応

休職者が復職しやすくするためには、**職場復帰プログラム（EAP）** を制度化しておくことが大切です。休職期間が満了する前の段階で、主治医だけではなく会社が指定した医師（産業医等）、そして会社の上司や家族と連携体制を取ります。

医師の意見聴取によって本人の職場復帰への意欲を確認し、家族の意向、「職場復帰可能の判断が記載された診断書」などの作成準備を進めます。

ちなみに、産業医と主治医はどのように異なるのでしょうか。産業医が「職務遂行能力まで回復しているか？」を重視するのに対して、主治医は「病気がよくなっているか？」という病状の回復具合から職場復帰を判断する点に、大きな違いがあります。

再発防止のためには、段階的に勤務時間を増やしていく**試し出勤制度**を導入すると効果的です。たとえば、以下のようなものです。

①職場復帰の2週間前から通勤訓練を行なう
②職場復帰後の2週間は、始業・終業時間を1時間ずつ短縮する、または半日出勤とする
③職場復帰後の4週間は残業を禁止する

試し出勤制度を取り入れる際に注意しなければならないのは、給料です。試し出勤を始めた時点で給料が発生する

メモ▶
休職期間が4、5、6月と重なって、社会保険の算定基礎届の期間中に入っている場合の報酬月額は保険者が決定します。

メモ▶
労働保険（労災保険、雇用保険）は、給料が支払われない限り発生しません。

CHECK
傷病手当金の支給要件
①療養のため労務に就くことができない
②療養してから3日間を経過している

職場復帰支援の流れ

1 病気休業開始、休業中のケア
→ **2 職場復帰可能の判断**（診断書）
→ **3 職場復帰の可否の判断**（情報収集と評価／「職場復帰支援プランの作成」）
→ **4 職場復帰の決定**（従業員の状態の最終確認／配置転換、勤務時間の意見書）
→ **5 職場復帰後のフォローアップ**（再発や問題点の確認／勤務状況の評価）

職場復帰支援プラン
・職場復帰日　・管理監督者や担当者の業務上の配慮
・労務管理上の対応　・医師の意見　・フォローアップ

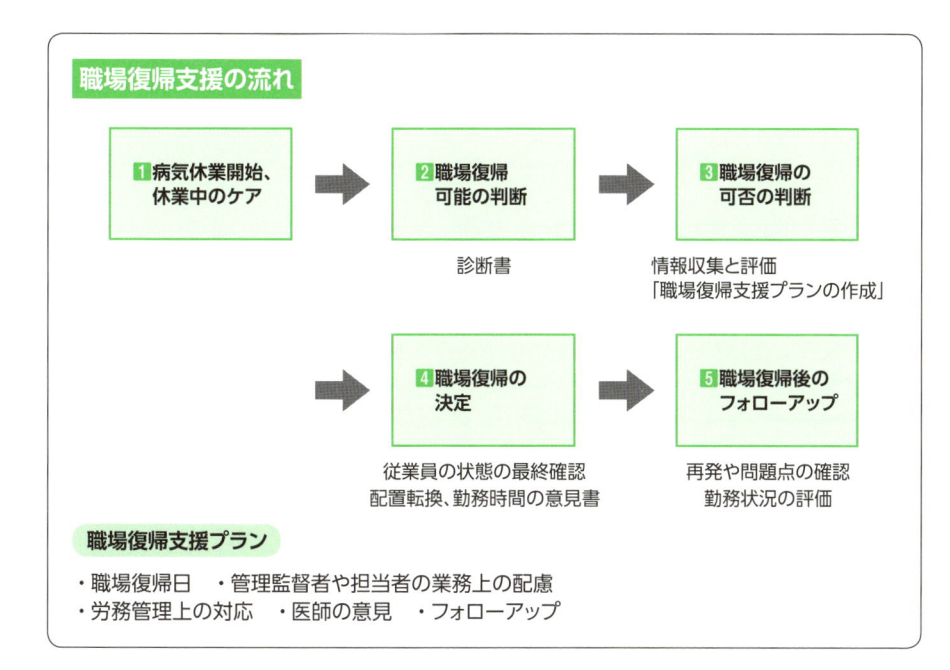

のか、または試し出勤後の正式な出社日から給料が発生するのかを決めておく必要があります。

　もし、このような職場復帰のプログラムが社内の規定にない場合には、有給休暇を使用して、当面の間、勤務時間を緩和するという方法もあります。

　そして、実際に復帰が成功した後も油断してはいけません。遅刻や欠勤がないか、もしあるようなら、状況に応じて医師への受診を促すことも必要です。

　さらに、うつ病のような精神疾患は職場に復帰したとしても再発を繰り返す可能性があります。療養する期間を特定することは極めて難しく、たとえ「3カ月の療養が必要」と書かれた診断書を提出されたとしても、3カ月で治癒するとは限りません。

　休職期間が長期に及ばないようにするためには、「同一の症状で一定期間内に再発した場合は、前後の休職期間を通算する」というルールを定めることも大切です。

5 休職期間終了後の対応

休職期間が終わった後

休職期間が終わっても職場復帰できない場合は、自然退職か解雇になりますが、職種の変更や休職期間の延長といった対応もあります。

総務の仕事、ここに注意

休職規程の制度化と雇用契約書の確認が従業員への対応として重要な要素になります。

メモ▶
退職にあたっては、社会保険や労働保険の資格喪失の手続きを行ないます。雇用保険については、離職票を添えて受給期間の延長を行なえば、最大4年間受給期間が延長されます。傷病手当金を受けていた場合、要件に合えば始めに支給されたときから1年6カ月間支給され続けます。退職後は本人が申請することになります。

■ 休職期間と解雇の関係

休職期間が終ったときは、「休職期間満了の通知」を従業員に出します。一般的には、休職期間が終了した時点で職場復帰が不可能であれば、自然退職か普通解雇（160ページ参照）ということになります。

ここで大切になるのが、職場の上司や産業医が「従業員がどのくらい回復できたのか」を判断することです。

元の職務に完全に復帰できるのか、もう少し休職すれば完全に復帰できるのか、あるいは職種変更が必要なのかを判断することが重要になってきます。

①休職規程のルール化

休職期間を終えた従業員が以前の職場へ復帰できなければ、**自然退職**になるのか解雇なのか、もしくは**別の職種への変更**の余地があるのか、状況に応じて**休職期間を延長**することができるのかということを、**就業規則等に定めておくこと**が大切です。

別の職種への変更の余地がある場合で、この従業員が以前の職場への復帰は難しいものの、他の部署の軽い業務であれば十分にこなすことができると判断された場合には、会社は他部署の軽い業務への転換によって従業員の職場復

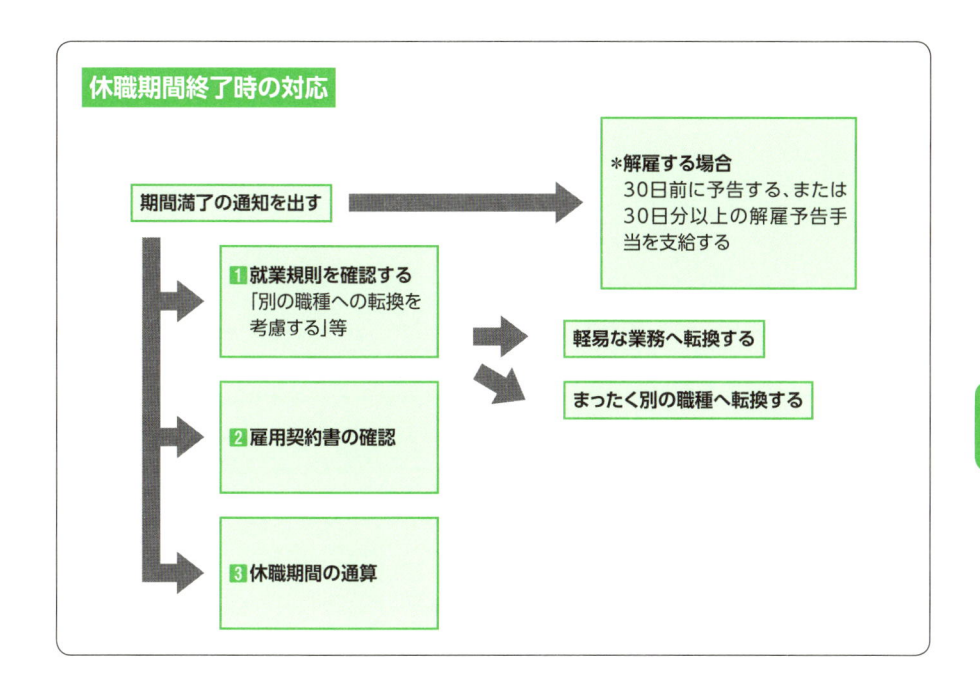

```
休職期間終了時の対応

期間満了の通知を出す ─────────→  *解雇する場合
                                  30日前に予告する、または
                                  30日分以上の解雇予告手
                                  当を支給する
  │
  ├→ 1 就業規則を確認する
  │    「別の職種への転換を
  │    考慮する」等         ─→ 軽易な業務へ転換する
  │                         ─→ まったく別の職種へ転換する
  ├→ 2 雇用契約書の確認
  │
  └→ 3 休職期間の通算
```

帰を考えることになります。

　また、回復する見込みがなく解雇する場合には、会社が指定した医師の診断書や意見書を揃えて、解雇する理由について説明できるように準備することも必要になります。

②**雇用契約書の確認**

　次に、雇用契約書で職種や職務内容を確認します。

　たとえば、職務内容を特定した契約の場合には、以前の仕事を行なえるほどに回復したのかということが問題になります。

　その職務に復帰できる状態でなければ自然退職か解雇になりますので、就業規則でルール化した内容と合わせて確認します。

　場合によっては、従業員と医師、現場の上司が「話し合いの場」を持って、回復が良好で復帰が近いと判断できる場合は、休職期間を延長するという選択肢もあります。

7章 育児・介護のルール

1 産前産後の休業
   出産後8週間は働かせてはならない

2 妊産婦への配慮
   妊娠中・産後1年未満の女性の労働時間は制限される

3 育児休業
   1歳未満の子を養育するための休業

4 パパ・ママ育休プラス
   子が1歳2カ月になるまで取得できる育児休業

5 介護休業
   家族の介護のために93日間休める

6 育児介護休業法の諸規定
   育児・介護中の残業は制限される

法律知識編　7章　育児・介護のルール

1 産前産後の休業
出産後8週間は働かせてはならない

出産予定日から6週間（多胎妊娠は14週間）以内の女性が請求した場合、また、出産日から8週間を経過しない場合は、原則、業務に就かせることはできません。

総務の仕事、ここに注意

産前産後休業については、正社員だけではなくパート、アルバイトについても扱いは同じです。

!重要
休職している出産予定の従業員が産前休業を請求してきた場合は、休職期間とはいえ、産前休業として扱わなければなりません。同じく産後8週間についても、産後休業として扱わなければなりません。

■産前産後休業について

女性従業員が妊娠した場合の休業は、まず従業員から会社に申し出がなされます。このときに出産の予定日や、休みを取る予定などを確認しましょう。

出産前の休みの期間は6週間で、従業員が請求した場合には会社は休みを与えなければなりません。

また、**出産後の休みの期間は8週間**で、従業員が請求しなくても強制的に休みとなり、原則、働かせることはできません。ただし、出産後6週間を経過した女性が請求し、医師が支障がないと認めた場合には業務に就かせることができます。

なお、労働基準法における出産とは妊娠4カ月以上の分娩のことを指します。1カ月を28日として考えるため、日数で85日以上の場合には中絶や死産の場合でも出産とみなされます。

産前産後休業は就業規則等で決めておけば、休業期間を延長させることができます。

休業中の給料について、法律上の決まりはありません。無給とするのが一般的ですが、有給とすることも可能です。

出産の際には、健康保険から出産育児一時金や出産手当

産前休業

「使用者は、6週間(多胎妊娠の場合は14週間)以内に出産する予定の女性が休業を請求した場合は、その者を就業させてはならない」(労基法第65条1)
従業員本人が請求した場合には、会社は休みを与える義務になっています。

産後休業

「使用者は、産後8週間を経過しない女性を就業させてはならない」(労基法第65条2)
出産後は、女性が請求しなくても強制的に休むことになっています(ただし、出産後6週間を経過した女性が請求した場合において、医師が認めた場合には業務に就かせても差し支えありません)。

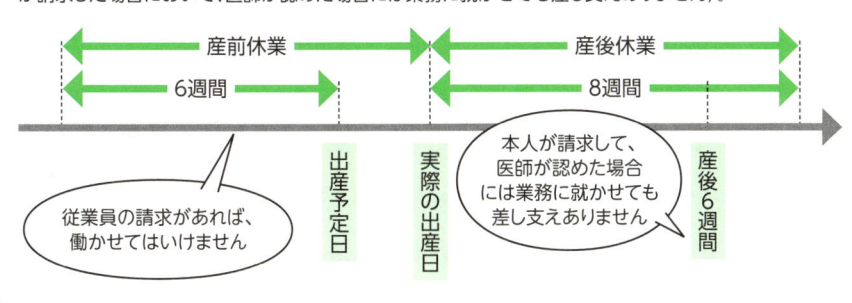

```
←―――― 産前休業 ――――→←―――― 産後休業 ――――→
←―― 6週間 ――→            ←――  8週間  ――→
```

- 出産予定日
- 実際の出産日
- 産後6週間

- 従業員の請求があれば、働かせてはいけません
- 本人が請求して、医師が認めた場合には業務に就かせても差し支えありません

金が支給されます。ただし、出産手当金については、賃金を受ける場合には支給されません。賃金の額が出産手当金を下回るときには、その差額が支給されます(賃金には有給休暇中の賃金を含みます)。

■ **出産予定日の変更があったとき**

　実際の出産が予定日より遅れた場合には、産前の休みの6週間は出産予定日を基準に決まります。

　たとえば、出産が予定日より3日遅れたら、産前の休業の期間も3日間伸びることになります。産後の休業期間については、実際の出産日を基準として考えますので、特に短縮されることはありません。

　逆に出産が予定日より早くなった場合は、産前の休業期間が短縮されることが定められています。そのため、産後休業の8週間が、予定日より遅れた日数分だけ延長されたり変更になることはありません。

2 妊産婦への配慮

妊娠中・産後1年未満の女性の労働時間は制限される

母性保護の見地から、妊産婦が請求した場合、時間外労働・休日労働・深夜労働・変形労働時間制適用の制限が規定されています。

総務の仕事、ここに注意

妊産婦が部長・課長といった管理監督者の場合は、時間外労働、休日労働をさせることはできますが、深夜労働をさせることはできません。

メモ▶
1日の労働時間が4時間以内の場合は1日につき1回の育児時間を与えればよいことになります。
4時間を超える場合は1日に2回与える必要があります。

■ 妊産婦の労働時間

妊産婦から請求があった場合、以下の労働時間の制限をしなければなりません（労基法第66条）。

①**時間外労働・休日労働の禁止**
②**深夜労働の禁止**
③**変形労働時間制（フレックスタイム制以外）の法定の労働時間を超える労働の禁止**

非常災害のときや時間外労働、休日労働、さらに深夜労働が禁止されています。

変形労働時間制（フレックスタイム制以外）により労働時間の管理が行なわれている職場においても、妊産婦が請求した場合には、1日8時間・1週40時間を超えて働かせることはできません。

フレックスタイム制は妊産婦にも適用できます。出社、退社の時刻を調整できることから、ラッシュ時間を避け、ゆとりを持って働くことができるためです。

上記の労働時間に関する制限については、すべて妊産婦の請求によることが前提です。妊産婦に請求された範囲内で、①～③の措置をとれば問題ありません。

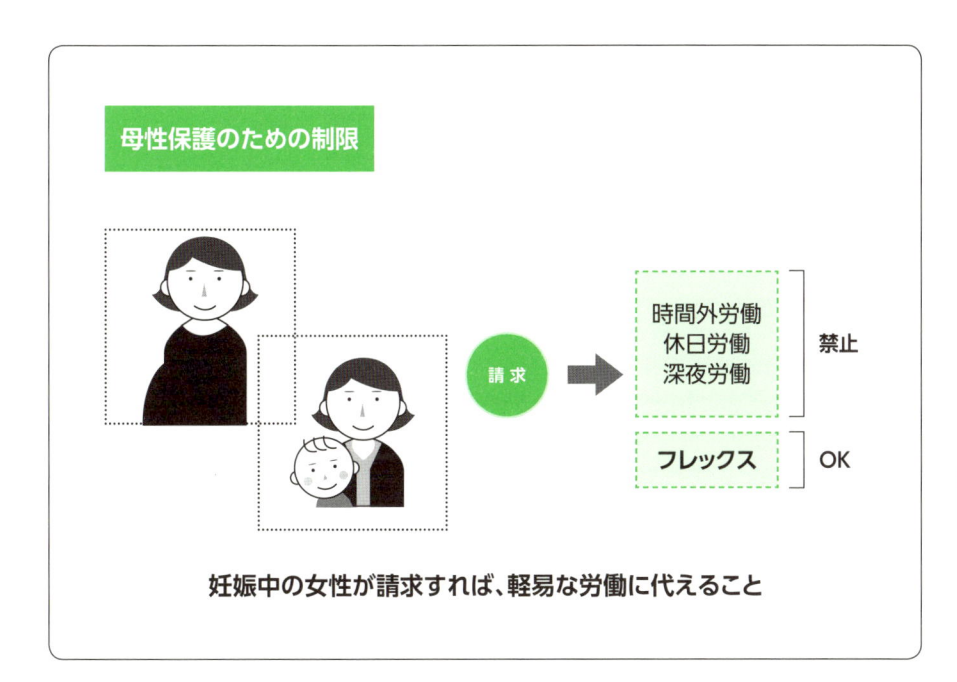

```
┌─────────────────────────────────────────────────────┐
│  母性保護のための制限                                │
│                                                     │
│                              ┌─────────┐            │
│                              │ 時間外労働 │            │
│                         →    │ 休日労働  │ ] 禁止     │
│                    請求      │ 深夜労働  │            │
│                              └─────────┘            │
│                              ┌─────────┐            │
│                              │ フレックス │ ] OK      │
│                              └─────────┘            │
│                                                     │
│    妊娠中の女性が請求すれば、軽易な労働に代えること       │
└─────────────────────────────────────────────────────┘
```

■ 軽易な業務への転換

　管理監督者も含めて、妊娠中の女性（産後は除く）が請求した場合には、別の軽い仕事に転換させなければなりません。しかし、新たに軽易な業務を創設して与えるまでの必要はありません。

■ 育児時間

　働きながら育児をする女性のために、生後1年未満の生児を育てる女性から請求がなされたときは、通常の休憩時間以外に1日について2回、1回あたり少なくとも30分の育児時間を与えなければなりません。この育児時間を有給にするのか、無給にするのかは、会社の就業規則等で決めておきましょう。

　育児時間の取り方は育児をする女性が決められるので、勤務時間の始まりや終わりにまとめて1時間取ることも可能です。ただし、会社が前もって一方的に育児時間の時間帯を指定して、それ以外の時間帯には与えないというように制限することはできません。最近では保育園への送迎のために育児時間が利用されることもあります。

3 育児休業
1歳未満の子を養育するための休業

育児を行なう従業員が職業生活と家庭生活とを両立できるよう支援し、従業員が退職せずに済むように、また雇用の継続を図ることを目的としています。

総務の仕事、ここに注意

育児休業の期間は原則、子供が1歳になるまでですが、条件によっては1歳6カ月まで延長できます。パートなどの有期契約従業員も対象となります。

CHECK

育児休業している女性従業員が次の妊娠をして出産した場合、新しい産前産後休業と初めの育児休業の期間が重なることがあります。この場合は、新たな産前産後休業が優先されて初めの育児休業は終了します。育児休業の終了と同時に社会保険料の免除も終了となります。

■ 育児休業

子を産んでから8週間(56日)までの間は、労働基準法で休業が義務づけられています。さらに、育児・介護休業法では、産後8週間が終わってから1歳になるまでに、従業員から申出があった場合に育児休業を与えることが義務づけられています。**育児休業の対象は、日雇い労働者を除く男性・女性すべての従業員で、夫も育児休業をすることができます。**なお、休業できるのは、同じ子供について1回だけです(育児・介護休業法第5条)。

■ 申出

従業員が育児休業を希望する場合には、休業の開始予定日と終了予定日を決めて、休業の開始予定日の1カ月前までに会社に「育児休業申出書」を提出してもらいます。

「1歳まで」という育児休業の期間は、次の場合は1歳6カ月まで延長することができます。

①保育所に入所を希望しているが、空きがなく入所できないとき
②子が1歳以降に養育する予定の者が病気やけがまたは死亡して養育できないとき

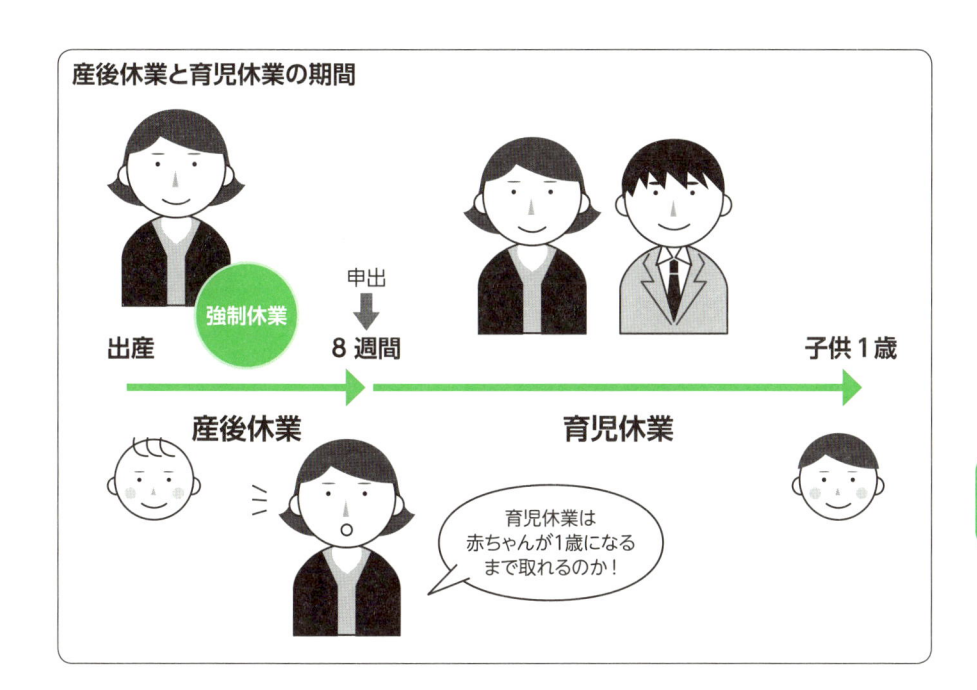

産後休業と育児休業の期間

出産 → 強制休業 → 8週間（申出）→ 育児休業 → 子供1歳

産後休業　　育児休業

育児休業は赤ちゃんが1歳になるまで取れるのか！

■ パート、アルバイト、契約社員の場合

　パート、アルバイト、契約社員などの従業員の場合は、次のいずれにも当てはまる場合に育児休業の申出をすることができます。

①その会社に1年以上勤めていること
②養育している子が1歳に達する日（誕生日の前日）を超えても、引き続き同じ会社に雇用されることが見込まれていること

　たとえば、次のような場合です。
・育児休業申出時点で、契約期間の末日が子が1歳になる日より後の場合
・労働契約の更新可能性が明示され、育児休業申出時点の契約と同一の長さで更新されたときの契約期間の末日が子が1歳になる日より後の場合
・労働契約が自動更新と明示され、契約更新された場合の契約期間の末日が子が1歳になる日より後の場合

　なお、育児休業期間中に労働契約期間が満了し、更新されないことが明らかである場合には、育児休業は適用されません。

法律知識編　7章　育児・介護のルール

4 パパ・ママ育休プラス
子が1歳2カ月になるまで取得できる育児休業

パパ・ママ育休プラスのように休業期間が延長されたり、育児休業も取りやすくなり、母親だけでなく父親も育児に参加しやすいルールが充実しました。

総務の仕事、ここに注意

育児休業は原則、子供が1歳になるまでの間ですが、特例として1歳2カ月になるまで父親、母親それぞれが1年間育児休業を取得できます。

CHECK
平成22年6月の法改正により、子供の出生後8週間以内に父親が育児休業を取得した場合は、特別な事情は問わずに再度、育児休業を取得できるようになりました。

■ パパ・ママ育休プラス

　パパ・ママ育休プラスは、母親と父親がともに育児休業を取得する場合に、**子供が1歳2カ月に達するまでの間に、母親と父親がそれぞれ1年まで育児休業を取ることができる制度**です（育児・介護休業法第9条の2）。2カ月の延長を可能とすることにより、男性の育児休業取得率を上げようというものです。

　たとえば、母親が育児休業を終えるころに父親が育児休業を取れば、母親が育児ばかりでなく、職場への復帰で忙しいときに負担を軽くすることができると考えられます。

　この母親と父親が1人ずつ取得できる休業期間の上限は原則、1年間です（母親の産後休業を含む）。

■ 二度目の育児休業が取れる

　配偶者の出産後8週間以内に父親が育児休業を取得した場合には、特別な事情がなくても、再度の取得が可能です。

　また、同じ従業員が2人目以降の子供を産んだ場合には、2回目以降の育児休業を続けて取得することが可能です。

　厚生労働省で定める特別な事情に、以下のものが追加となりました。

①負傷、疾病、又は身体上若しくは精神上の障害によって、

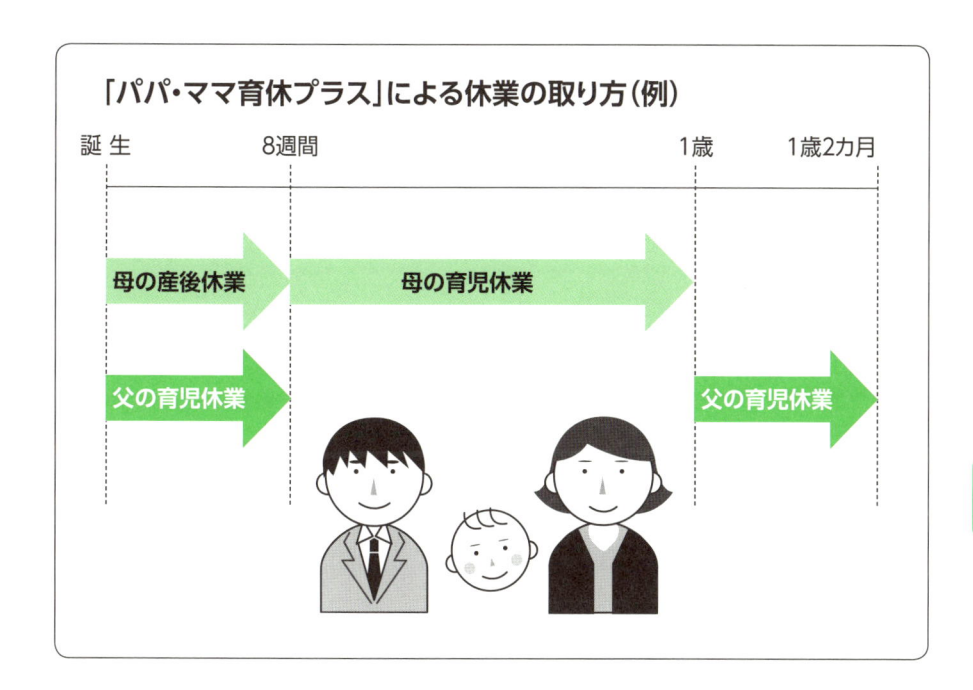

「パパ・ママ育休プラス」による休業の取り方（例）

```
誕生        8週間                          1歳   1歳2カ月
│           │                              │      │
├──────────┤                              │      │
│ 母の産後休業│                              │      │
│           ├──────────────────────────┤      │
│           │      母の育児休業           │      │
│           │                              │      │
├──────────────────┤                      ├──────┤
│   父の育児休業      │                      │父の育児休業│
```

　２週間以上の期間にわたり世話を必要とする状態になったとき
②保育所における保育を希望して、申し込みを行なっているが、当面その実施が行なわれないとき

■ **育児休業の終了**

　育児休業は原則として、子が出生した日から、子が１歳に達する日（誕生日の前日）までの間で、従業員の申し出た休業終了予定日に終了します。また、上記①②に該当する場合には、１歳に達した日の翌日から１歳６カ月に達した日に終了します。子を養育しないこととなった場合や、育児休業をしている従業員について、産前産後休業、介護休業または新たな育児休業が始まった場合にも終了します。

5 介護休業
家族の介護のために93日間休める

配偶者や父母などの家族が一定の要介護状態になったときには、従業員は介護をするために介護休業を取ることができます。

> **総務の仕事、ここに注意**
>
> 介護休業は、病状の変化によって要介護状態になったり回復したりするので、要介護状態になるごとに1回、通算93日になるまで申出ることができます。

メモ▶
1人の家族について2人以上が同時に、または別々に介護休業を取ることもできます。たとえば、介護状態の父親に対して2人の子供が介護休業を取得できるということです。

■介護休業

　育児・介護休業法では、従業員が要介護状態にある対象家族を介護する必要がある場合に、従業員からの申出によって介護休業を与えること、あるいは従業員の希望によっては勤務時間を短縮することが義務づけられています（育児・介護休業法第11条）。育児休業と同じく**日雇い労働者を除いて、男性・女性すべての従業員が対象**になります。

　育児・介護休業をした従業員に対する不利益な取扱いは、禁じられています。具体的には、①解雇すること、②パート、契約社員等の契約を更新しないこと、③降格すること、④給料や賞与を減額すること、⑤転勤させること、⑥強制的に労働契約の内容を変更することを指します。

■申出

　従業員が介護休業を希望する場合には、休業の開始予定日と終了予定日を決めて、休業の開始予定日の2週間前までに会社に「介護休業申出書」を提出します。

■休むことができる期間

　介護休業は、同じ対象家族について、要介護状態になるごとに1回取得することができて、**通算で93日**になるまで取ることができます。

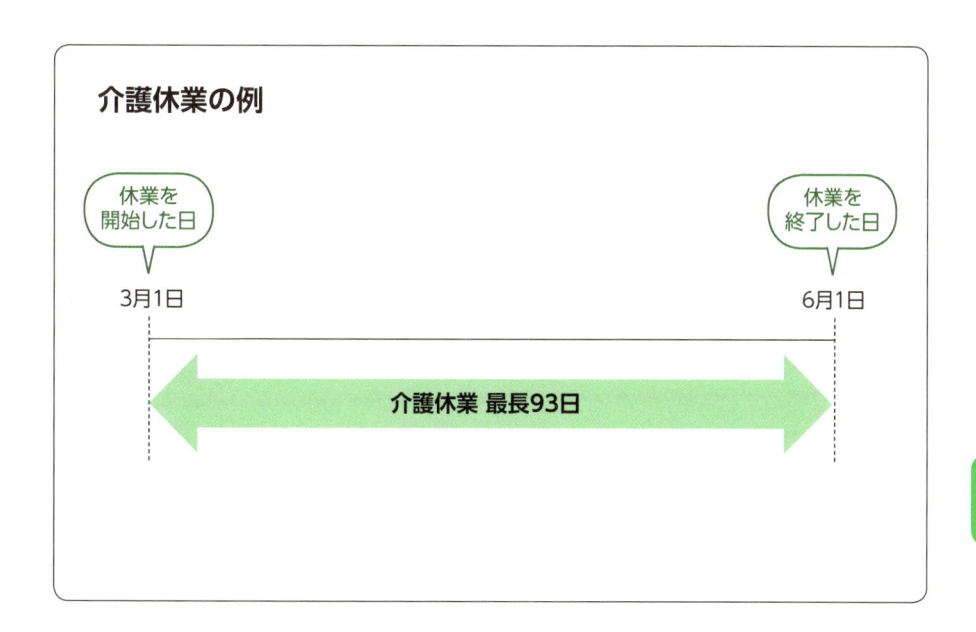

```
介護休業の例

    休業を                              休業を
    開始した日                           終了した日
    3月1日                               6月1日
      ├──────── 介護休業 最長93日 ────────┤
```

■ **パート、アルバイト、契約社員の場合**

　パート、アルバイト、契約社員などは、次のいずれにも当てはまる場合に、介護休業の申出をすることができます。

①その会社に1年以上勤めていること
②介護休業の予定日から93日を経過する日を超えても、引き続き同じ会社に雇用されることが見込まれていること

　ただし、93日を超えた日から1年経過するまでの間に労働契約が満了して、なおかつ、この労働契約の更新がないことが明らかな場合には、申出することはできません。

■ **申出を拒否できる場合**

　以下に当てはまる人から介護休業の申出があったとしても、会社は拒否することができます。

①入社してから1年未満の場合
②介護休業の申出があった日から93日以内に雇用が終了する場合
③1週間の所定労働日が2日以下の場合

法律知識編　7章　育児・介護のルール

6 育児介護休業法の諸規定
育児・介護中の残業は制限される

小学校に入学前の子が病気やけがをしたときの看護休暇や、
従業員が育児や介護をするときの残業や勤務時間などには制限があります。

総務の仕事、ここに注意

従業員が請求すれば、育児・介護のために従業員が看護休暇を取れます。また、育児・介護のために残業時間を制限したり、労働時間を短縮することができます。

! 重要
子の看護休暇や介護の看護休暇について、休暇取得当日に電話で看護休暇の申出をしてきた場合、会社は拒否できません。

! 重要
夫婦で同時に取得することもできます。配偶者が専業主婦（夫）であっても、申出を拒むことはできません（子の看護・介護の看護に共通）

■ 子供の看護休暇

　小学校入学前の子供を養育する従業員（日雇いは除く）は、この子供がけがや病気をした場合に、看護するための休暇を1年間に5日取得することができます。

　ただし、以下の内容について労使協定がある場合、会社は、看護休暇の申出を拒否することができます。
①入社してから6カ月に満たない従業員
②1週間の所定労働日数が2日以下の従業員

　また、平成22年6月30日から、子の看護休暇が拡充されました。小学校入学前の子供が1人なら、**1の年度内に5日、2人以上いるなら10日**まで休暇を取得することができるようになりました。

　これまでのように、子供がけがや病気の場合に休暇を取得するだけでなく、子供が予防接種または健康診断を受ける場合についても子の看護休暇が認められます。

■ 介護の看護休暇

　介護の看護休暇も育児と同じく拡充しました。要介護状態にある対象家族の介護をする従業員は、会社に申し出ることで**1の年度内で5日、対象家族が2人以上いる場合は、10日**まで休暇を取得することができます。

1年間に取得できる日数

子供の看護休暇
- 子供1人 → 看護休暇5日間
- 子供2人以上 → 看護休暇10日間

介護の看護休暇
- 対象家族1人 → 看護休暇5日間
- 対象家族2人以上 → 看護休暇10日間

ただし、以下の内容について労使協定がある場合、会社は、看護休暇の申出を拒否することができます。
①入社してから6カ月に満たない従業員
②1週間の所定労働日数が2日以下の従業員

■ 育児中、介護中の残業の制限

小学校入学前までの子供を養育している従業員（日雇いは除く）や、対象家族を介護している従業員から請求があった場合は、**1カ月で24時間、1年で150時間を超えて残業をさせることはできません。**

この申出は、その開始の日や終了の日を決めて、制限開始予定日の1カ月前までに会社に提出してもらいます。ただし、所定外労働の制限期間（132ページ参照）と重複してはなりません。この制度は、夫婦とも同時期に請求できます。ただし、以下の条件に当てはまる従業員については、会社はその申出を拒否することができます。
①入社してから1年未満のとき

> **メモ**
> 転勤などによって、子供の養育や家族の介護を行なうことが困難になることがあります。このような場合、会社は養育状況や介護の状況を考えて配慮することが義務づけられています。

> **CHECK**
> 所定労働時間は、就業規則等によって定められている個々の従業員の労働時間。
> 法定労働時間は、1日8時間、1週40時間。

②1週間の所定労働日数が2日以下のとき

■ **深夜業の制限**

　小学校就学前の子を養育する従業員が請求した場合、午後10時から午前5時（深夜）に労働させてはいけません。

　また、要介護状態にある対象家族を介護する従業員が、その対象家族を介護するために請求した場合も深夜に労働させてはいけません。ただし、適用が除外されるものがあります。

①入社から1年未満のとき
②1週間の所定労働日数が2日以下のとき
③子供を養育、又は対象家族を介護できる家族がいるとき
④所定労働時間の全部が深夜にある者

■ **育児中の所定外労働の制限（介護は除く）**

　3歳までの子供を養育する従業員（日雇いを除く）が請求した場合には、**所定労働時間を超えて**労働させてはいけません。ただし、適用が除外されるものがあります。

①入社から1年未満のとき
②1週間の所定労働日数が2日以下のとき

　男女ともに、残業が免除になることで、健康を維持しながら仕事と家庭での育児の両立ができるようになりました。この制度は夫婦とも同時に請求できます。期間は1回の請求につき1カ月以上1年以内の期間ですが、法定時間外労働の制限期間と重複してはなりません。請求できる回数に制限はありません。また、従業員が残業の免除を請求したことによって、解雇その他不利益な取扱いをしてはなりません。

■ **短時間勤務制度の義務化**

　女性が出産後も離職することなく、働き続けることができるよう短時間勤務制度を利用することができます。3歳

短時間勤務制度の例

通常の勤務制度

8時間	8時間	8時間	8時間	8時間
月	火	水	木	金

↓

短時間勤務制度

6時間	6時間	6時間	6時間	6時間
月	火	水	木	金

までの子供を養育する従業員（日雇いは除く）が希望したときに、**1日6時間を限度とする**短時間勤務制度を設けなければなりません。

　夫婦ともに短時間制度を利用することも選択肢のひとつでしょう。この短時間勤務制度について、適用が除外されるケースがあります。
①入社から1年未満のとき
②1週間の所定労働日数が2日以下のとき（労使協定が必要）

　いずれの制度も仕事と育児の両立の可能性を広げることが目的です。残業免除、法定時間外労働の制限、短時間勤務制度、深夜業の制限等、従業員が法律に基づいて請求できる権利ですが、就業規則等に定めることで、制度を利用しやすくするように定めておくべきであることに留意しましょう。

8章 退職のルール

1. **退職の意思表示**
   会社が認めなければ退職願の撤回はできない

2. **期間満了退職と雇止め**
   契約更新しない時は予告が必要

3. **出向・配置転換**
   出向や配置転換で人材活用する

4. **退職証明書**
   請求されたら退職の理由を記載した書面を渡さなければならない

5. **雇用保険・社会保険**
   退職時の保険の手続き

6. **継続雇用制度**
   定年後、65歳・70歳まで働く

7. **従業員の競業避止義務**
   ライバル会社への転職を防止

法律知識編　8章　退職のルール

1 退職の意思表示
会社が認めなければ退職願の撤回はできない

従業員が退職する理由の大半は、自己都合退職と定年による退職です。退職についてのルールを会社があらかじめ決めておくことが重要です。

総務の仕事、ここに注意
口頭での退職の意思表示は有効ですが、後からトラブルにならないために、「自己都合」などの退職理由が記載された退職届を提出してもらいましょう。

CHECK
自己都合退職と会社都合退職では、退職金の支給額に違いが生じることがあります。就業規則の退職金規程や労働協約で確認しましょう。

■ **自己都合退職について**

　従業員が自己都合で退職するときに以下のことがらをどうするか、ルールを決めておきましょう。
①退職届の提出期限
②業務の引継ぎ
③機密情報・個人情報誓約書

　従業員から突然、「明日、退職します」と言われたら、会社運営に支障が出てしまいます。業務の引継ぎや欠員の募集もあるので、所定の期日までに会社に申し出をするということをルール化しましょう。

　管理職や後任者に確実に業務を引き継ぐことは、取引先との信頼関係を継続することにもつながります。

　最近では、ＵＳＢメモリーやメールなどを使って簡単に会社の機密情報や個人情報を持ち出すことができますから、情報流出への対策も不可欠になりつつあります。

■ **定年退職について**

　契約期間の定めがない従業員の定年制は、従業員が会社の定める定年年齢に達すると、自動的に雇用契約が終了する制度です。実務上は、年齢だけでなく、細かな条件を決めておく必要があります。たとえば、60歳で定年という場合、

退職願と退職届の違い

退職願	退職届（辞表）
会社が承諾するまで撤回可能	撤回できません

①60歳になった月の月末で退職する
②60歳になった年度の年度末で退職する

　など、60歳に達した後、どの時点で退職となるのかを決める必要があります。なお、定年年齢を定めないことも可能ですが、定年年齢を60歳未満にすることはできません。

■ **退職願い承諾後の撤回**

　従業員が会社に退職の申し出をした後で、気持ちが変わって退職の申し出を撤回することがありますが、会社側が承諾するまでは、従業員はいったん提出した退職願を撤回することは可能です。

　「会社側が承諾する」とは、人事部長などの**人事権限がある役職者が退職を承諾すること**です。つまり、直属の上司に退職願を提出した時点では、会社が承諾したことにはなりません。

　退職願や退職届の提出を就業規則等でルール化するとともに、「どの時点を会社の承諾とするのか」を明確にしておく必要があります。

2 期間満了退職と雇止め
契約更新しない時は予告が必要

契約社員やパート・アルバイトなどの有期契約をするときには労働条件通知書を作成し、契約期間や更新の有無などを明確にしておきましょう。

総務の仕事、ここに注意

有期雇用契約が3回以上更新されるか1年を超える契約期間の労働契約を締結している従業員の契約を更新しない場合には、少なくとも30日前に雇止めの予告をしましょう。

! 重要
従業員から雇止めの理由についての証明書を請求された場合は、証明書を交付しなければなりません。

! 重要
有期雇用契約が反復更新されて通算契約期間が5年を超えた場合、従業員が申し込みをすることにより、期間の定めのない雇用契約に転換できることとなりました（労契法第18条 H25.4.1）。

■有期雇用契約

　有期の雇用契約とは、パートやアルバイト、契約社員などに対して、3カ月、半年、1年などという期間を決めて、雇用契約をすることです。

　有期雇用契約においては、その期間が終了した場合は期間満了退職となりますが、その後の契約の更新の可能性はあるのか、ないのか、またどのような場合に契約を更新するのかを十分に説明し、理解を得て、さらに労働条件通知書に明記しておきましょう。

　雇用期間を定めた場合、やむを得ない事由がある場合でなければ、会社はその期間満了までの間に従業員を解雇することはできません（労働契約法第17条1項）。

　一方、従業員は1年を超える有期労働契約を締結している場合、1年を経過すればやむを得ない事由がなくても、いつでも退職することができます（労基法第137条）。

　従業員が期間途中に退職を希望する場合の条件については、労働条件通知書等に記載しておきましょう。

　有期契約の従業員と契約の更新を繰り返すと、契約を打ち切る際にトラブルが発生することが少なくありません。そこで、有期契約の従業員の雇止めに関する不安を解消す

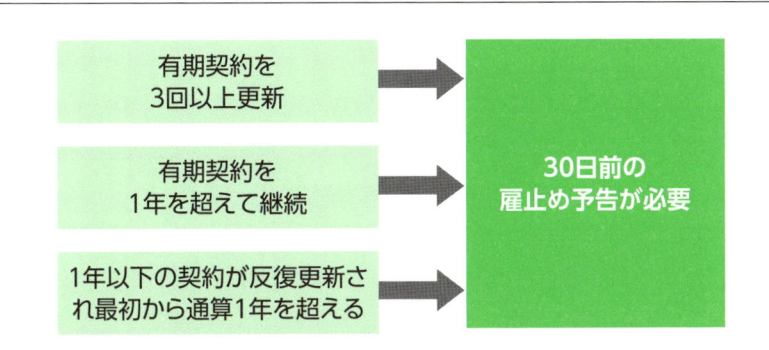

```
┌─────────────────────────────────────────────────────┐
│  ┌──────────────┐                                   │
│  │ 有期契約を    │─→  ┌────────────────┐            │
│  │ 3回以上更新   │    │                │            │
│  └──────────────┘    │                │            │
│  ┌──────────────┐    │   30日前の      │            │
│  │ 有期契約を    │─→  │   雇止め予告が   │            │
│  │ 1年を超えて継続│    │   必要          │            │
│  └──────────────┘    │                │            │
│  ┌──────────────┐    │                │            │
│  │1年以下の契約が │─→  │                │            │
│  │反復更新さ     │    └────────────────┘            │
│  │れ最初から通算1年を超える│                        │
│  └──────────────┘                                   │
└─────────────────────────────────────────────────────┘
```

- 契約締結時、更新の有無、更新する場合又はしない場合の判断基準を書面の交付によって明示しなければなりません（労基法15条）
- 雇止めの予告後又は雇止め後に従業員が雇止めの理由につき証明書を請求した場合は、遅滞なくこの証明書を交付しなければなりません
- 有期契約を更新して1年を超えて引き続き使用する場合には、従業員の希望に応じてできるだけ長く雇用するよう努めなければなりません

るため、過去の最高裁判決で確立している「雇い止め法理」をそのままの内容で労働契約法第19条に条文化されました（H24.8.10）。

■ 雇止め

業績悪化等の理由で会社が有期契約の更新をしないことがあります。いわゆる雇止めです。有期契約の締結時は、契約期間と共に次の事項を書面の交付によって明示しなければなりません（H25.4施行）。必ず説明しておきたいポイントは次の2つです。

① 契約更新の有無
② 契約更新をするときの判断基準

また、契約期間中に条件変更をする場合には、有期契約の従業員に事前に説明して同意を得ておくことが必要となります。

何度も契約更新が行なわれた場合、その事実が形式的に更新された労働契約より優先され、期間の定めのない契約に準じたものとみなされることがあるからです。このような場合は、契約期間満了による雇用関係の終了ではなく、「雇止め」となります。

3 出向・配置転換
出向や配置転換で人材活用する

会社は、出向や配置転換を活用して、余剰人員を解雇するのではなく、他の会社や他の部署で活躍する場を作ることができます。

総務の仕事、ここに注意
原則として、移籍出向（転籍）の際には従業員の同意が必要です。従業員がこれらを拒否したとしても、解雇することはできません。

! 重要
在籍出向について就業規則等で定めておけば、個別に従業員から出向の同意を取る必要はありません。

判例
配置転換が特定の従業員を排除することを目的としている等、不当な動機・目的がある場合は、権利の濫用で無効とされます。

■出向

人事異動とは、社内で働く部署や職務が替わることです。これに対して、現在の会社に籍を置いたまま別の会社で働くことを在籍出向と言います。原則として、出向期間が満了すれば、元の会社に戻ることになります。給与等の条件面が現状と大きく変わらなければ、従業員からの同意は得られやすいと言えます。一方、移籍出向（転籍）は、出向という言葉は同じでも、目的は人員整理や新会社設立、組織再編などにあります。現在の会社を退職して、別の会社に再就職してもらうという要請です。

移籍出向には従業員の同意が必要ですが、従業員の同意は簡単には得られません。在籍出向と違って、移籍出向となれば、現在の会社との雇用契約を終了し、新会社との雇用契約を結ぶことになるので、現在の会社より条件が落ちる可能性が高いからです。したがって、移籍出向を拒否することが従業員に認められています。納得を得られるまで従業員との話し合いが必要となります。

■配置転換

配置転換をする場合には、次の条件をすべてクリアする必要があります。

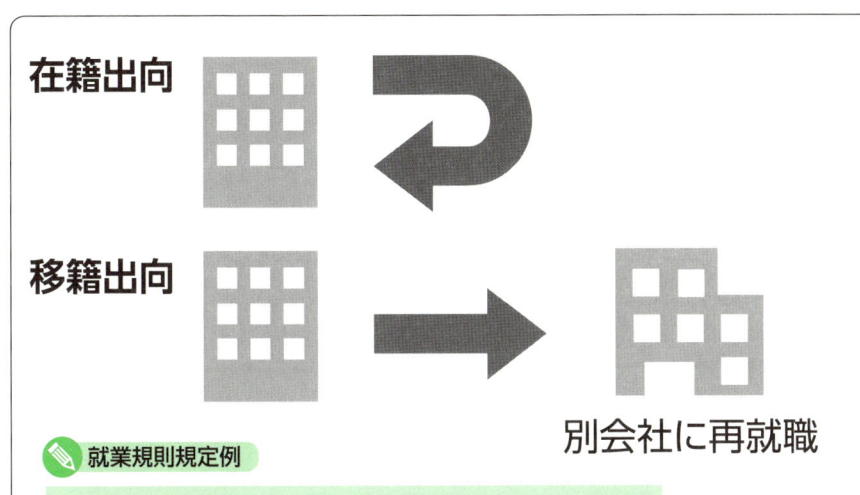

```
在籍出向  [建物] ⤴
移籍出向  [建物] →  [建物] 別会社に再就職
```

就業規則規定例

「業務上の必要があるときは、配置転換を命じることがある」

このような記載があれば、一般的に合理性があると判断されます。
しかし移籍出向の場合は本人の同意が必要です。

①業務上の必要性があること
②労働条件が著しく低下しないこと
③職種・勤務地限定の有無
④技術・技能等を著しく低下させないこと
⑤生活に著しい不利益が発生しないこと（使用者の配慮義務）
⑥不当な動機・目的の有無

■ 配置転換の注意点

　会社が長時間通勤となるような勤務地への配置転換を命じたり、本人の適性でない部署への配置転換を命じたような場合で、業務上の必要性、人員整理が目的ではないことが明らかな場合は、配置転換が無効とされる場合があります。

　職種・勤務地限定特約のある労働契約の場合、従業員の同意がないと配置転換はできません。また、場合によっては、民事訴訟で損害賠償を求められる可能性があります。

4 退職証明書
請求されたら退職の理由を記載した書面を渡さなければならない

退職をめぐる紛争を防止し、従業員の再就職活動に資するため、退職時等の証明書の交付が義務づけられています。

> **総務の仕事、ここに注意**
> 退職後のトラブル、中途採用の増加によって、再就職先で前職の退職証明が求められることが増えてきました。

CHECK
退職金については、就業規則等に定められた支払時期に支払うことが認められており、退職または死亡の日から7日以内に支払う必要はありません。

メモ
退職時の証明を求める回数は制限がありません。

メモ
退職証明の請求権の時効は退職後2年以内です。

■ 退職時の証明書

従業員が退職時に、退職理由や役職などの証明書を請求してきた場合、会社は退職証明書に以下の項目を記載し、作成して渡さなければなりません。

① 勤務していた期間
② 業務の種類
③ その会社での地位
④ 賃金
⑤ 退職理由

ただ、**退職証明書には、①〜⑤のうち、従業員から請求されていない事項を記入することはできません**。また、従業員の再就職を妨害するために従業員の国籍、信条、社会的身分、労働組合に関する通信をすることや証明書に秘密の記号を記入することも禁止されています。

■ その他、退職に伴う手続き等

従業員が退職、または死亡したとき、会社は従業員や相続人から請求をされた場合、7日以内に未払い賃金を支払い、社内預金や社内旅行の積立金、保証金、貯蓄金など従業員に権利がある金品、机やロッカー内の私物も返還しなければなりません（労基法第23条）。

退職時の証明書

退職時の証明書の請求

退職した従業員
↓
会　社

請求された事項だけを記入し、遅滞なく交付

退職証明書（例）

```
                    退職証明書

          殿

以下のとおり、貴殿が当社を平成○年○月○日に退職したことを証明
します。

  勤務していた期間　○年○月○日から○年○月○日まで
  業務の種類
  地位
  賃金
  退職理由


                          ○年○月○日
                          ○○株式会社
                          代表取締役　○○　○○　印
```

8章　退職のルール

法律知識編　8章　退職のルール

5 雇用保険・社会保険
退職時の保険の手続き

健康保険の切り替えや失業保険の申し込みといった、退職後の手続きは、退職者ごとに異なります。

総務の仕事、ここに注意
失業保険の受給申請期間は離職日の翌日から1年です。退職者が出た場合には資格の喪失、離職票などの手続きを迅速に行ないましょう。

CHECK
「失業」とは、就職する意思と能力があるにもかかわらず職業に就くことができずに求職活動を行なっていることを言います。
定年などで、すぐには就職する意思がない場合や、病気や出産、育児、介護などで働くことができないときには、基本手当を受けることができません。

■ 退職後の健康保険

退職の手続きを済ませると、退職者は**国民健康保険の加入手続き**をするか、あるいは、**任意継続被保険者の加入手続き**をします。

また、配偶者や親の健康保険の被扶養者になる場合もあります。

■ 失業保険の給付について

退職してから**雇用保険の基本手当（失業手当）**を受ける場合には、居住地管轄のハローワークで離職票を提出して求職の申し込みを行ないます。

自己都合で退職した場合には、待機期間7日経過後3ヵ月の給付制限期間があります。基本手当は原則、離職の日の翌日から1年間が支給限度です。

例外として、この受給期間を延長することができます。
① 基本手当を受けている期間中に妊娠、出産、育児、負傷、疾病などで30日以上引き続き働くことができない場合、最大で4年間延長することができる
② 60歳以上の人が退職後に一定の期間求職の申し込みをしないことを希望した場合、その一定の期間（1年間が限度）と本来の受給期間1年間を合わせた期間で、基本手当を

> **雇用保険（失業保険）**
>
> **自己都合退職**　　　　　⇨ 待機期間7日経過後3カ月の給付制限期間
> **特定受給資格者（倒産や解雇）**　⇨ 給付日数が優遇
>
> **雇用保険、その他の制度**
>
> **高年齢求職者給付**
> 高年齢継続被保険者（65歳前から働いていて65歳を超えても同じ会社で働き続けている者）が退職した場合に、受けることができます。働いていた期間が1年未満なら基本手当の30日分、1年以上なら基本手当の50日分を一時金として受けることができます。
>
> **特例一時金**
> 短期雇用特例被保険者（正社員と同じ労働時間で、働く期間が短期間の者）が退職した場合に受けることができます。こちらも一時金として基本手当の50日分となります。たとえば、出稼ぎの季節労働者や、同じ会社で1年未満の短期の労働を繰り返す者などがこれに当たります。

受けることができる

　また、退職した理由が倒産や解雇などの場合は特定受給資格者という扱いになって、給付日数が優遇されます。

■ **年金保険料の免除**

　会社を退職したら**国民年金**に加入します。国民年金には保険料の納付が免除される制度として法定免除、申請免除の2種類があります。

①**法定免除**　体に障害があることで障害厚生年金を受けていたり、生活保護を受けている場合に、届出によって保険料が全額免除されるもの

②**申請免除**　所得の低下等の経済的な要因で国民年金の保険料が納付できない場合に、本人の申請によって免除されるもの

　また、30歳未満の場合には若年者納付猶予の制度が利用できます。免除を受けた期間は年金の計算期間に入らないため、将来の年金が減額されますが、後から保険料を納付できる追納制度を利用することもできます。

6 継続雇用制度

定年後、65歳・70歳まで働く

60歳定年後、公的年金を受給するまでの一定期間、従業員の生活のため、企業に再雇用することが求められています。

総務の仕事、ここに注意

定年前の処遇や給与を引き継ぐ必要はありません。再雇用後は、パートや嘱託等の勤務形態で運用する方法が一般的です。

メモ▶
年金の支給開始年齢に合わせて、65歳まで希望者全員の再雇用が義務化されました。年金の支給開始との切れ目を防ぐことが目的ですが、結局のところ年金財源の不足からくるものです。老後に路頭に迷う人が続出することが想定され、深刻な社会問題です。

■ **継続雇用制度**

2006年に改正された高齢者雇用安定法は、会社に①**定年年齢の引上げ**、②**継続雇用制度の導入**、③**定年制の廃止**、この3つのいずれかの採用を義務づけています。継続雇用制度は、「再雇用制度」と「勤務延長制度」に分けられます。

「**再雇用制度**」は定年に達した時点で雇用関係を終了させ、また新たな契約を結ぶというものです。新しい契約となるので、定年までの労働条件に縛られることなく、まったく異なる条件の再雇用契約を締結することができます。

「**勤務延長制度**」は、定年後も引き続き雇用するため、労働条件は引き継がれます。賃金も高いままです。

■ **現状の継続雇用制度**

以前は、多くの会社は60歳定年後、労使協定で基準を定めて、一定基準の条件をみたした希望者のみを継続雇用していました。

しかし、平成25年4月の法改正により、労使協定で継続雇用制度の対象者を限定する基準を定めていた事業主は、その仕組みを廃止しなければならず、希望者全員を継続雇用の対象としなければなりません（経過措置あり）。

そのため、定年後も勤務を希望するか否か、従業員の意

```
┌─────────────────────────────────────────────────────────────┐
│ 65歳までの雇用を確保するために……                              │
│                                                              │
│                              ┌─────────────┐                │
│                         ┌──→ │ 再雇用制度  │                │
│                         │    └─────────────┘                │
│ １ 定年年齢の引上げ      │    定年に達した時点で雇用関係を終了させ、ま │
│ ２ 65歳までの継続雇用制度の導入 ─┤  た新たな契約を結ぶ。      │
│ ３ 定年制の廃止          │    定年前とは異なる条件の再雇用契約を締結 │
│                         │    することができる。              │
│                         │                                    │
│                         │    ┌─────────────┐                │
│                         └──→ │ 勤務延長制度 │                │
│                              └─────────────┘                │
│                              定年後も引き続き雇用するため、労働条件は │
│                              引き継がれる。                   │
│                                                              │
│ 高齢者雇用安定法に基づいて、定年年齢は60歳以上、65歳までの継続雇用制度の導入等の措 │
│ 置を講じなければなりません。                                  │
│ そのため65歳未満の定年年齢の会社は、これらの措置が必要です。     │
│ （現状では、２ 継続雇用制度を採用している会社が大半）          │
└─────────────────────────────────────────────────────────────┘
```

思を確認することとなります。ただし希望者全員といっても、心身の故障があり業務に堪えられないと認められた者、就業規則の解雇事由、又は退職事由に該当する者は継続雇用の対象としないことができます。

　また、高年齢者雇用安定法は、継続雇用制度の導入を求めているのであって、制度を導入すれば定年退職時の賃金を考慮する必要がなく、再雇用後の賃金、労働時間等について新たな条件を提示し、雇用することが可能になっています。会社と従業員とで労働条件に関して合意が得られず、結果、退職となっても法令違反とはなりません。

7 従業員の競業避止義務

ライバル会社への転職を防止

従業員には職業を選択する自由はありますが、退職後にライバル他社に転職し、機密情報やノウハウが流出すると会社にとって大きな損失です。

総務の仕事、ここに注意

従業員が退職後に同業他社に転職をすることを防止するため、就業規則に同業他社への転職を制限する規定や秘密保持誓約書を整備しておきましょう。

メモ▶
転職の際に会社が管理している顧客情報などの機密情報を持ち出した場合には、不正競争防止法違反にあたる可能性があります。

メモ▶
「④禁止による従業員への代償の有無」の「代償措置」の例として、退職金の増額などがあります。

■ 競業避止義務

　従業員には職業選択の自由がありますが、一方で会社にとって社内の機密情報やノウハウを持っている従業員がライバル会社に簡単に転職されるのは困ります。法律で明確にされてはいませんが、信義則上、ライバル会社への転職を制限する「**競業避止義務**」が従業員にあります。ただ、「会社の損失を軽減するため」という理由で会社が無制限に従業員の転職を禁止することは許されません。

■ 就業規則の規程整備

　競業他社への転職を制限するには、次の5つの項目を就業規則などで規定することが必要となります。
①離職後、転職を禁止する拘束期間
②地域
③業種・職種
④禁止による従業員への代償の有無
⑤会社の必要性

　就業規則に記載すれば、当然に「競業避止義務」が認められるものではなく、やむを得ない場合にのみ認められます。永久にライバル会社に転職できないということではなく、一定期間、一定地域という限定条件の範囲で認められ

> **従業員の競業避止義務が認定されやすいケース**
>
> **1 離職時：地位・役職が高いこと**
> 会社のトップシークレット情報を知りえる可能性が高いため。
>
> **2 離職後：転職を制限する拘束期間が短いこと**
> 6カ月から1年が拘束期間として一般的で認定されやすいのですが、それ以上長いと、不当な制約として拘束期間が短縮される可能性があります。
>
> **秘密保持誓約書に記載すること**
>
> ①秘密保持義務
> ②対象となる情報
> ③義務違反の場合の罰則　　など

ています。ライバル会社へ転職することで会社の機密情報やノウハウが漏洩することは避ける措置をする必要があります。まず、従業員が保有している顧客等の名刺、機密情報の資料やデータなどを返還または廃棄させることも就業規則等に定めておきましょう。

■ **秘密保持誓約書**

資料やデータなどの返還・破棄だけでは、十分ではありません。**必ず秘密保持誓約書を従業員と締結する**ことをお勧めします。秘密保持誓約書には、次の事項を記載します。

①秘密保持義務、②対象となる情報、③義務違反の場合の罰則など

なお、秘密保持誓約書は入社時に取り付けるのがポイントです。退職時に取り付けをしようとしても署名を拒否する可能性があるからです。入社時に取り付けた秘密保持誓約書のコピーを、退職時にあらためて従業員に渡すと、秘密保持遵守の意識が高まり、秘密保持に効果的です。

9章 解雇のルール

1. 解雇
   解雇には合理性・妥当性が必要

2. 懲戒処分・懲戒解雇
   懲戒解雇には重大な理由が必要

3. 普通解雇
   就業規則の解雇理由に該当しなければ普通解雇できない

4. 整理解雇の4要件
   人員削減する時には回避努力が必要

5. 解雇予告と解雇予告手当
   解雇には30日以上前の予告が必要

6. 解雇制限
   仕事中のけがで休んでいる時は解雇できない

7. 解雇トラブルの回避
   解雇通知は書面で確実に伝える

1 解雇

解雇には合理性・妥当性が必要

解雇の理由には、合理性が必要です。また、その解雇の理由などについて、社会通念上、相当であると認められなければ解雇は無効となることがあります。

総務の仕事、ここに注意

就業規則等で、解雇の種類や解雇できる場合を明確にしておきましょう。また、解雇の理由として認められないものに該当していないか確認しましょう。

> **重要**
> 内定者が内定を辞退することについて、法的な制限はありませんが、会社都合で内定を取消するときは解雇と同様に扱われます。例外としては、天災で会社にとって予測不能の重大な事態が発生した場合、また、学生が卒業できなかった場合の内定取消は有効となります。

■ 解雇とは

解雇とは、従業員の意向とは関係なく、会社から一方的に従業員を辞めさせることを言います。解雇の通知は口頭で行なうことも可能です。

さまざまな状況に応じて、会社は従業員を解雇せざるを得ないことがあります。しかし、いくら解雇する権利があると言っても、正当な理由もないのに従業員を解雇することはできません。労働基準法等で、従業員を解雇するときの要件・ルールが決められています。

従業員の解雇を巡っては、個別紛争や労使トラブルになるケースも多く、慎重な対応が必要です。

なお、**解雇が客観的に合理的な理由を欠き、社会通念上相当であると認められない場合は、その権利を濫用したものとして、無効**となります（労働契約法第16条）。

■ 解雇の種類

①**懲戒解雇** 従業員の問題行動などに対して、制裁として懲戒処分として行なわれる解雇。

②**普通解雇** 労働契約を継続することが困難な事情を理由に行なわれる解雇で、懲戒解雇、整理解雇に該当しないもの。

> **解雇**
>
> **「合理的理由＋社会通念上の相当性」が必要**
> 「それなら辞めさせられても仕方がない」と思えるようなもの
> 　①あらかじめ就業規則等で解雇できる理由を明確に定めていること
> 　②就業規則の内容を従業員に周知していること
> 　③具体的な事実や行為が就業規則等に規定されている理由に該当していること
> 　④合理的で、社会常識的にみて、「それなら辞めさせられても仕方がない」と思えるような妥当な理由であること
>
> **解雇通達**
> 会社からの一方的な雇用契約解除の意思表示
>
> 会社　→　従業員

③**整理解雇**　会社の経営悪化などによって、人員整理のために行なわれる解雇。一般的に言う「リストラ」とは、整理解雇を指します。会社の経営戦略などに基づく部門廃止にともない、その部門の従業員を解雇する場合などが含まれます。

　懲戒解雇・普通解雇・整理解雇のそれぞれの具体的な要件については後ほど説明します。

■ **解雇するときの注意点**

　解雇には３つの種類がありますが、以下の要件はすべての解雇に共通するものです。

①あらかじめ就業規則等で解雇できる理由を明確に定めていること。

②就業規則の、その内容について従業員に周知していること。

③具体的な事実や行為が就業規則等に規定されている理由に該当していること。

④合理的で、社会常識的に見て、「それなら辞めさせられても仕方がない」

と思えるような妥当な理由であること。

■ **解雇の理由として認められないケース**

以下の理由で従業員を解雇することは認められません。

①従業員の国籍や宗教的・政治的信念などを理由に解雇することはできません（労働基準法第3条）。

②従業員が会社の法律違反を労働基準監督署に申告したこと等を理由に解雇することはできません（労働基準法第104条）。

③従業員が結婚・妊娠・出産したこと等を理由に解雇することはできません（男女雇用機会均等法第9条）。

④従業員が育児・介護の休業や子の看護のための休暇の申し出や取得をしたことを理由に解雇することはできません（育児介護休業法第10条、16条）。

⑤従業員が労働組合の組合員であることや組合に加入しようとしたこと等を理由に解雇することはできません（労働組合法第7条）。

⑥従業員が公益のために会社の犯罪行為や法律違反の事実を社内外や行政機関に通報したことを理由に解雇することはできません（公益通報者保護法第3条）。

> **重要**
> 試用期間中の従業員の本採用を拒否する場合、内定取消と同様に解雇として扱われます。客観的に合理的な理由と社会通念上の相当性がなければ、本採用拒否は無効となります。

解雇の種類

1 懲戒解雇
従業員の問題行動などに対して、制裁として行なわれる解雇

2 普通解雇
労働契約を継続することが困難な事情を理由に行なわれる解雇で、懲戒解雇、整理解雇に該当しないもの

2 整理解雇
会社の経営悪化などによって、人員整理のために行なわれる解雇。一般的に言う「リストラ」

解雇の理由として認められないもの

- 国籍や信仰・支持している宗教・政党
- 会社の法律違反を労働基準監督署に申告 
- 妊産婦 
- 育児・介護 
- 労働組合員 
- 公益のために会社の犯罪行為や法律違反を行政機関などに通報 

9章 解雇のルール

2 懲戒処分・懲戒解雇

懲戒解雇には重大な理由が必要

懲戒解雇は、解雇としての性格と同時に、制裁として下される懲戒処分の最も重いものでもあるため、懲戒処分の要件も満たす必要があります。

総務の仕事、ここに注意

懲戒解雇は、重大かつ悪質な状態で辞めさせなければならない程度であることが必要です。また従業員に弁明の機会を与える場合もあります。

> **重要**
> 懲戒解雇の場合でも、労働基準監督署長の認定がなければ、少なくとも30日前の解雇の予告、30日前に予告をしない場合は30日分以上の解雇予告手当の支払いが必要となります（164ページ参照）。

■懲戒処分とは

懲戒処分とは、会社等が従業員に対して行なう制裁処分のことで、その中でもっとも厳しい処分が懲戒解雇です。

懲戒処分は、職場の秩序に従わない従業員に対して課す処分で、職場ルールに違反する者への制裁です。そのため、「そもそも、この会社では、どのようなことがあった場合に懲戒処分に該当するのか」ということを、就業規則にその種類や内容を明記し、従業員に日ごろから周知しておくことが求められます。

軽い処分から挙げると、けん責、減給、出勤停止、そして、退職をするよう諭し、退職願を提出させる諭旨解雇や、懲戒解雇などがあります。

それぞれの会社がどんな懲戒処分を設けるかは、会社のルールブックである就業規則に定め、従業員に周知しておくことが必要です。

懲戒解雇は、解雇としての性格と同時に懲戒処分としての性格も持っていますので、まずは懲戒処分として有効かどうかを確認する必要があります。

たとえ就業規則に定めていても、懲戒処分が有効かどうかを判断するにあたって、合理的な理由と社会常識的に見

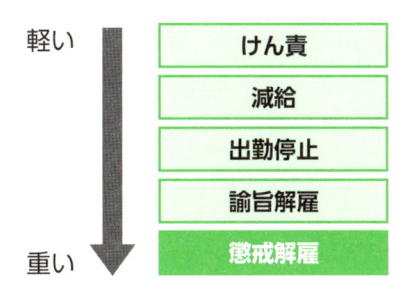

```
懲戒処分の種類

          軽い  ──→  けん責
                      減給
                      出勤停止
                      諭旨解雇
          重い        懲戒解雇

懲戒解雇を行なうにあたっての流れ

          懲戒処分の有効性の確認
                ↓
          懲戒解雇の有効性の確認
```

て相当かどうかということが基準になります。

■ 懲戒処分の要件

①懲戒処分の有効性を判断するにあたっても、就業規則に懲戒の理由となることがらや懲戒の種類が定められている必要があります。そして、その事実が就業規則に定められている懲戒の理由に該当していることが必要です。また、その問題行動や事件が発生した後に就業規則を変更したとしても、変更した就業規則は適用されません。

②懲戒となる理由と処分が相当でなければなりません。発生した事実に対して、その処分は重過ぎないかどうかなど、その処分が相当なものであるかを判断する必要があります。

③1つの事案に対して2つ以上の懲戒処分を行なってはいけません。過去にすでに懲戒処分された事案について、同じ理由で重ねて懲戒処分をすることはできません。

④同様の懲戒の理由に該当する事案があった場合、同様のその他の事案の処

> **CHECK**
> 懲戒解雇の制裁として、就業規則等で定めておけば、退職金の減額・支給停止が可能となります。

> **メモ**
> 労働基準監督署に解雇予告除外認定を申請し、認定されると即時解雇しても解雇予告手当を支払う必要はありません。

分と平等な処分でなければなりません。特定の従業員にだけ重い処分をすることは許されません。
⑤適正な手続きを経なければなりません。就業規則等で懲罰委員会などの設置が定められている場合には、懲罰委員会などを開催する必要があります。

■ 懲戒解雇の要件

懲戒解雇の理由を**就業規則に限定列挙**していないと、従業員が重大な違法行為をしても懲戒解雇をできません。そして、懲戒解雇は従業員が行なった行為の性質や態様その他の事情について、情状酌量の余地がなく、会社の秩序を守るために即刻、解雇する必要があると判断されるときの解雇を言います。

懲戒解雇になる事例として、次のものが挙げられます。
①従業員が会社の機密事項を故意に他社に漏らしたとき
②注意・指導を何度しても会社の規律を守らず、改める見込みがないとき
③犯罪行為などにより会社の信用・信頼を著しく失墜させたとき
④会社の金銭・商品を横領したとき
⑤会社に対して業務上、多大な損害を与えたとき

なお、限定列挙以外の理由が発生したときに対応するため、就業規則に記載した懲戒解雇の事由の最後に「その他前各号に準ずる程度の不適切な行為があったこと」という包括条項を入れておきます。

また、懲戒解雇する従業員への解雇予告や懲罰委員会等の設置などによって弁明の機会を与えることもできます。

懲戒解雇のチェックポイント

業務命令違反
☐ 業務命令が正当か？
☐ 会社の秩序に重大な影響があるか？
☐ やむを得ない理由がないか？
☐ 同様の処分とのバランスは？

無断欠勤・勤務態度不良
☐ 無断欠勤・遅刻の回数、程度、理由は？
☐ 会社の秩序に影響があるか？
☐ 会社は注意・指導・教育をしたか？
☐ 改善の見込みはあるか？
☐ 業務への影響の有無・程度は？
☐ 同様の処分とのバランスは？

経歴詐称
☐ 職務能力等に関する内容か？
☐ 採用を決定する内容か？
☐ 入社後の処遇に関係あるか？
☐ 会社の信用に重大な影響があるか？
☐ 詐称の内容・手段・方法等が悪質か？

金銭等の着服、横領、窃盗
☐ 会社の信用に影響があるか？
☐ 手段・方法が悪質か？
☐ 故意であるか？
☐ 反省しているか？

私生活上の非行
☐ 非行の内容・程度は？
☐ 会社の秩序に影響があるか？
☐ 会社の信用・評価に大きな影響があるか？

職場での暴力・暴言
☐ 会社の秩序・風紀を乱し重大な影響があるか？
☐ 悪質か？
☐ 被害者のけがの程度は？
☐ 反省しているか？
☐ それまでの勤務態度・言動は？
☐ それまでの経緯は？

> これらの事項を確認して、客観的に合理的な理由であるか、社会通念上相当であるか検証してください。

3 普通解雇

就業規則の解雇理由に該当しなければ普通解雇できない

普通解雇は、従業員に原因がある場合に行なうものですが、事業主の都合で簡単にはできず、まずは解雇を避けるための努力が必要です。

総務の仕事、ここに注意

普通解雇を行なうためには、就業規則に解雇事由の記載があること、社会通念上仕方がないと思える程度の理由があること、が必要となります。

メモ▶
懲戒解雇は限定列挙（列挙されたものに限る）、普通解雇は例示列挙（列挙されたものは一例である）でよいとされており、普通解雇の場合、包括事由（その他、これらに準ずるもの）を用いることも認められている。

■普通解雇とは

普通解雇は、懲戒処分には該当しないもので、従業員の勤務態度・勤務成績・適格性・業務外の傷病など、従業員側の原因で引き続き雇用することが困難な場合に行なわれる解雇です。

■普通解雇の要件

普通解雇の要件は、
① 就業規則等に解雇する理由が規定されていること
② その就業規則の理由が解雇しなければならない程度であること
③ 事実がその理由に該当していること
④ 従業員の行為が解雇しなければならない程度であること
⑤ 解雇を避けるための努力をしたこと
⑥ 他の従業員の同様のケースと比較してバランスがとれていること
などがあります。

ただし、安易に解雇することはできません。
たとえば、「常に営業成績が悪い」とか「パソコン操作ができない」という理由だけでは解雇はできません。この場合、**再教育・配置転換等、解雇回避努力**をした上で、や

> **普通解雇の例**
>
> 1. 私傷病などで働ける健康状態ではない
> 2. 仕事をする上での能力不足
> 3. 協調性の著しい欠如

はり、業務の継続は困難と判断されてから解雇しなければなりません。

普通解雇においても、懲戒解雇と同様に、就業規則等で解雇の理由が定められている必要があります。ただし、懲戒解雇と異なり、直接、就業規則に該当する理由がない場合でも、**就業規則に解雇の事由を例示列挙**してあれば、認められる場合があります。

■ 諭旨解雇

従業員が懲戒解雇に該当する行為をした場合でも会社が懲戒解雇せず、普通解雇と同様に解雇予告または解雇予告手当を支払い、退職金を支払った上で従業員を解雇することを諭旨解雇と言います。

また、従業員が退職を会社から勧奨され、自ら退職願を提出した扱いにすることもあります。

諭旨解雇は、該当する従業員が行為を反省しているため、会社の判断で一番重い懲戒解雇の処分をしないものです。

4 整理解雇の4要件
人員削減する時には回避努力が必要

整理解雇とは、経営不振など会社の都合で実行されるものです。
懲戒解雇や普通解雇の要件とは異なり、4つの要件（要素）があります。

総務の仕事、ここに注意
従業員をリストラするときには、後日、裁判所から権利濫用の判断をされないように4つの要件を十分に考慮する必要があります。

> **判例**
> 4つの要件（要素）をすべて満たさなければならないかという点については、学説・判例によって異なります。最近の傾向としては、4つの要件（要素）をすべて満たしていなくても、リストラを認められる判例が出ています。

■ 整理解雇の要件

整理解雇が有効かどうかは、次の4つの要件（要素）から判断されます。

①人員削減の必要性があること

「整理解雇しなければ、会社が倒産してしまうかもしれない」という状況までは要求されていませんが、経営上やむを得ないと言えるほどの必要性がなければなりません。会社の経営状態に問題がない場合や、整理解雇した後に同じ職種の新規採用を行なうようなことなどがあったときは、整理解雇の必要性は認められません。

②解雇を避けるための努力を行なったこと

新規採用の停止、配置転換、希望退職者の募集など、解雇を避けるための努力をしなければなりません。

これらの努力をしないで、いきなり整理解雇を行なったほとんどのケースで、整理解雇は無効とされています。工場勤務採用の「職種限定」や首都圏勤務のみの「地域限定」の労働契約であっても、従業員と話し合いをして配置転換などの提案を行ない、解雇を避ける努力をする必要があります。

ただし、「解雇を避けるための努力」は状況によって異

リストラできる4つの要件

- 人員削減の必要性
- 解雇回避努力
- 人選の合理性
- 手続きの妥当性

リストラ実行によって「モラールの低下」「残業の増加」「優秀な人材の流出」などの影響が考えられます。残った従業員の士気向上のために、トップ自らが従業員とコミュニケーションをとるように努めて、社内に活気を取り戻すことが大切です。

なります。上に挙げたものすべてを行なう必要はありません。

③解雇の対象者の人選に合理性があること

　解雇の対象者の人選にあたっては、客観的で合理的な基準が必要です。

　一般的に合理的基準として認められやすいのは、勤務成績・勤務態度・勤続年数・会社への貢献度・年齢・雇用形態などの要素です。勤務成績・勤務態度・会社への貢献度は会社の主観的基準が大きく、優秀な社員を残せますが、合理性は否定されやすくなります。一方、勤務年数・年齢・雇用形態は客観的基準が大きく、合理性が認められやすいものの、優秀な社員もリストラ対象となる可能性があります。

④手続きに妥当性があること

　整理解雇を行なわなければならない必要性や経緯などを従業員に説明し、リストラについて会社と従業員が協議を行なうことが必要です。

5 解雇予告と解雇予告手当

解雇には
30日以上前の予告が必要

解雇をするには、30日以上前の予告が必要です。ただし、解雇予告手当を支払ったときには、支払った解雇予告手当の日数分、予告期間を短縮することができます。

総務の仕事、ここに注意

解雇予告や解雇予告手当の適正な手続きを経なければ、解雇の効力が発生しません。解雇を行なうには、正当な理由と適正な手続きが必要です。

重要
一度行なった解雇予告は、原則取り消すことはできませんが、従業員が同意した場合には、取り消すことができます。

メモ
解雇予告と同時に休業を命じ、予告期間中、平均賃金の6割の休業手当しか支払わなかった場合においても、30日前に予告がされていれば、予告期間の満了によって従業員を解雇することができます。

■ 解雇予告と解雇予告手当について

　解雇の予告をしないで、従業員を安易に解雇することはできません。

　会社が従業員を解雇するときは、**少なくとも30日前**にその予告をしなければなりません（労基法第20条）。

　予告期間の日数の数え方は、予告した日の翌日から暦日で数え、解雇する当日を含みます。

　たとえば、4月30日で従業員を解雇する場合、3月31日には予告をしないといけません（右上図参照）。

　また、解雇予告の代わりに平均賃金の30日分以上に相当する手当（解雇予告手当）を支払えば、その日に従業員を解雇することができます。なお、解雇予告手当は、通知と同時に支払わなければなりません（平均賃金については54ページ参照）。

　また、予告日数は、平均賃金を支払った日数分、短縮することができます。

　たとえば、3月31日に解雇予告をした場合、20日分の解雇予告手当を支払うことで、予告期間を20日短縮できますので、4月10日に解雇することができます（右中図参照）。

解雇予告

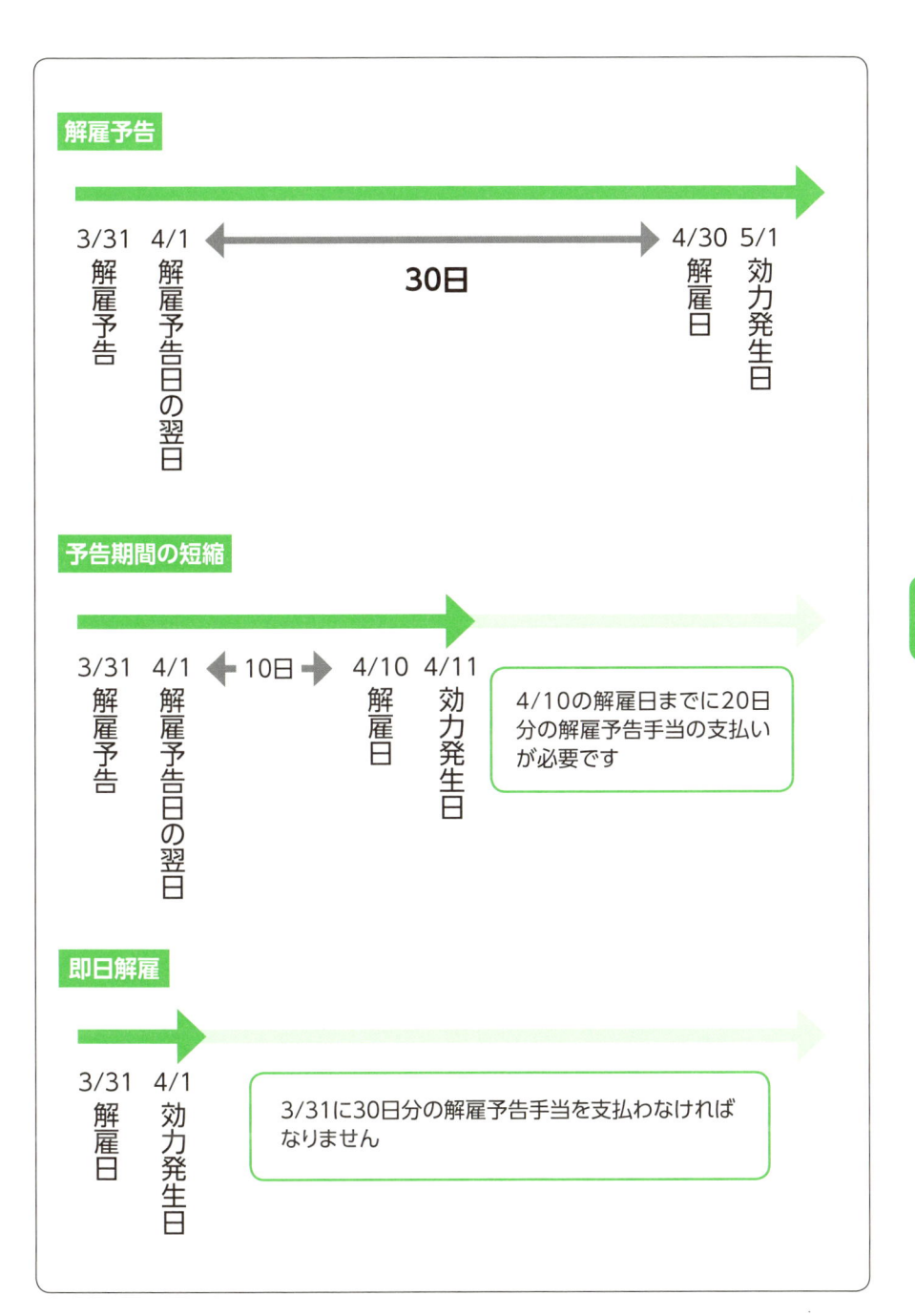

```
3/31      4/1          ←―――― 30日 ――――→    4/30   5/1
解雇予告   解雇予告日の翌日                  解雇日  効力発生日
```

予告期間の短縮

```
3/31      4/1      ← 10日 →   4/10    4/11
解雇予告   解雇予告日の翌日    解雇日  効力発生日
```

> 4/10の解雇日までに20日分の解雇予告手当の支払いが必要です

即日解雇

```
3/31    4/1
解雇日  効力発生日
```

> 3/31に30日分の解雇予告手当を支払わなければなりません

9章 解雇のルール

■ 解雇の通知と解雇予告手当の手続きを行なわなかった場合

解雇予告期間をおかず、また解雇予告手当も支払わなかった場合、解雇は無効です。つまり、会社の都合で突然「今日付であなたを解雇します」と従業員に通知しても無効になります。したがって、その通知日を解雇予告日にして、30日後に解雇するか、どうしても即日解雇したい場合には、30日分以上の解雇予告手当を支払う必要があります。

解解雇予告が必要なのは正社員だけではありません。契約社員やパートタイマーなど契約期間がある従業員は、たとえば会社を継続することが困難である程の経営状況の悪化といったような「やむを得ない事由」がある場合に限って、契約期間中であっても解雇はできますが、やはり解雇となると解雇予告等が必要です。

またこの場合の「やむを得ない事由」は、期間の定めのない従業員を解雇するときの「合理的理由＋社会通念上相当」(152ページ参照) という要件より厳しく判断されますので、パートタイマーやアルバイトだからと言って簡単に解雇できると考えるのは間違いで、むしろ期間の定めのない従業員より解雇は困難です。

■ 解雇予告・解雇予告手当が免除になる場合

労働基準監督署に「解雇予告除外認定申請書」を提出して、認定（除外認定）を受ければ、解雇予告・解雇予告手当を支払う必要はありません。以下のようなものは、除外認定されます。

①天災事変その他やむを得ない事由のために事業の継続が不可能となった場合

②従業員に責任がある理由（従業員の責めに帰すべき事由）で解雇する場合

認定は、労働基準監督署が認定基準に照らして「従業員

> **CHECK**
> 解雇予告日から解雇日までに、従業員から解雇の理由についての証明書の請求があった場合には証明書の交付が必要です。なお解雇事実だけの証明書を請求された場合は解雇事実だけを書いた証明書を交付しなければなりません（労基法第22条）。

解雇予告・解雇予告手当の支払いの義務が適用されないケース（労基法第21条）

日雇いの従業員	1カ月
2カ月以内の契約の従業員	契約期間
季節的な業務で4カ月以内の契約の従業員	契約期間
試用期間中の従業員	14日

⬇

上記の所定期間を超えて引き続き使用している場合には、
解雇予告・解雇予告手当の支払いが必要。
試用期間中の解雇は、普通解雇に比べて広い範囲での解約の自由が
認められるとした判例があります。

の責めに帰すべき事由」があるかどうか判断します。

したがって、従業員を解雇するときに明らかに除外認定の対象となる行為を従業員がしたとしても、会社の判断だけで解雇予告をしなかったり、解雇予告手当を払わなかったりすることはできません。事前に労働基準監督署の認定を受ける必要があります。

■ 解雇予告手当に掛かる税金

解雇予告手当には、所得税と住民税が掛かります。ただし、税法上、解雇予告手当は通常の給与所得と扱いが異なり、退職所得扱いとなります。したがって、所得税・住民税の計算方法は退職金にかかる税金の計算方法と同じになります。なお、解雇予告手当には労働保険料（労災保険料・雇用保険料）及び社会保険料（厚生年金保険料・健康保険料・介護保険料）は掛かりません。労働保険の年度更新や社会保険の算定をするときには保険料計算根拠の賃金額から控除します。

6 解雇制限

仕事中のけがで休んでいる時は解雇できない

従業員が仕事上のけがや病気で療養のために休んでいる期間とその後30日間、産前・産後で休んでいる期間とその後30日間は、解雇することができません。

総務の仕事、ここに注意

天災事変その他やむを得ない理由で事業が継続できなくなった場合など、解雇が禁止されている期間中でも、解雇できる場合があります。

メモ▶
解雇制限期間中に解雇することはできませんが、予告を行なうことは可能です。

メモ▶
従業員が仕事上のけがや病気で療養のために休んでいる期間が長期間にわたる場合には、再度の解雇予告が必要です。

■ 解雇することができない期間

労基法第19条では、解雇してはいけない期間を定めています。

①**従業員が仕事上のけがや病気で療養のために休んでいる期間とその後30日間**

「30日」とは、療養する必要がなくなり出勤した日、または出勤できる状態に回復した日から計算します。通勤中や業務時間以外でのけがや病気の場合は解雇できます。

②**女性が産前・産後で休んでいる期間とその後30日**

ただし、産前6週間の休業がとれる期間中に従業員が産前休業の請求をせずに働いている場合は、解雇することができます。

■ 解雇制限の例外

上記のような解雇が禁止されている期間中でも、解雇できる場合があります（労基法第19条）。

①仕事上のけがや病気により療養補償を受ける従業員が、療養開始日から3年経って治らない場合で、会社が打切補償（平均賃金の1200日分の支払い）を行なったときや、3年を経過、またはそれ以降、労災保険法の傷病補償年金を受けている場合

解雇禁止期間

病気／産前・産後

解雇が禁止されている期間

休業開始 → 職場復帰 → 30日

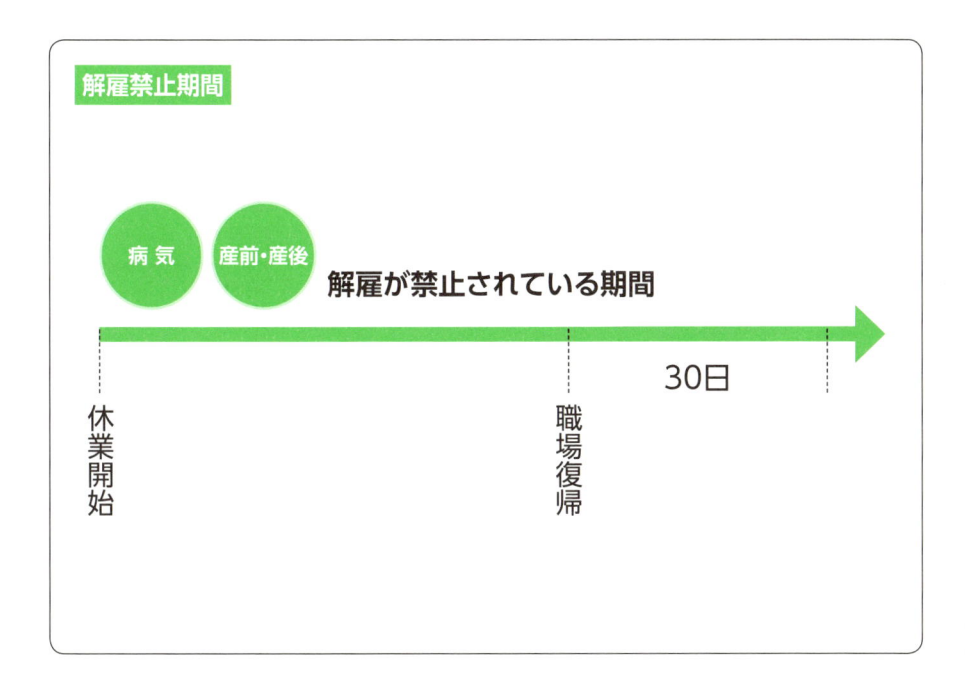

②天災事変その他やむを得ない事由で事業の継続が不可能になった場合（労働基準監督署の解雇制限除外認定が必要）

やむを得ない理由とは、たとえば、会社や工場が火事によって焼失したようなケースを指します。

経営上の理由によって資材が入手困難なケース、資金調達が困難なケース、法令違反によって機械や資材等を没収されたようなケースは、"やむを得ない事由"に該当しません。

■ 解雇が禁止されているその他のケース

①従業員の国籍、信条、社会的身分、性別、婚姻、出産を理由にする解雇
②労働基準監督署に通知したことを理由にする解雇
③年次有給休暇の取得、育児・介護休業の申し出・取得したことを理由にする解雇
④労働組合への加入を理由にする解雇
など

7 解雇トラブルの回避
解雇通知は書面で確実に伝える

解雇が無効であると認められれば、労働契約は継続していたことになります。賃金などを巡ってトラブルとなり、訴訟に発展する可能性があります。

総務の仕事、ここに注意

解雇の通知や状況・経緯などを書面に残しておき、記録をもとに従業員が納得いくように十分な説明をしましょう。

メモ▶
解雇が無効とされても、ただちに不法行為と認められ、損害賠償が成立するわけではありません。

■ **解雇が無効と認められた場合**

いったん解雇処分を下したものの、その後、正当な理由がなく、裁判所の判断で解雇が無効となるケースがあります。この場合、解雇は最初からなかったものとみなされ、労働契約はその期間も継続していたことになります。

そうなると、その期間に発生したはずの賃金を従業員から請求される可能性があります。また、権利の濫用があったとして、損害賠償を請求される可能性もあります。

このようなトラブルを避けるためには、解雇するときのルールをあらかじめ就業規則に定めて従業員全員に周知し、慎重に対応することが必要です。

■ **解雇に関するトラブルを避けるために**

解雇の通知は口頭でも構いませんが、後のトラブルを考えると、**書面で通知**するに越したことはありません。通知書には、通知をした日や解雇の理由、就業規則等で定められている解雇の根拠となる理由、いつ解雇するのか等を記載します。当日の解雇の場合や、解雇予告手当を併用する場合には、解雇予告手当についても記載します。

また、従業員の問題行動があった場合、それに対してどのような注意・指導・教育をしたのか、その後の従業員の

解雇が無効になると…

労働契約 → 解雇日

↓

解雇無効

労働契約 ——→ 解雇はなかったことになり、労働契約は継続

トラブルを防ぐために、解雇予告通知書に記載しておくべきこと

- □ 解雇通知をした日
- □ 解雇の理由
- □ 就業規則等で定められている解雇の根拠となる理由
- □ いつ解雇するのか

※当日の解雇の場合や、解雇予告手当を併用する場合は、解雇予告手当についても記載する
※従業員に問題行動があった場合、どのような注意・指導・教育を行なったのか、なども記録しておく

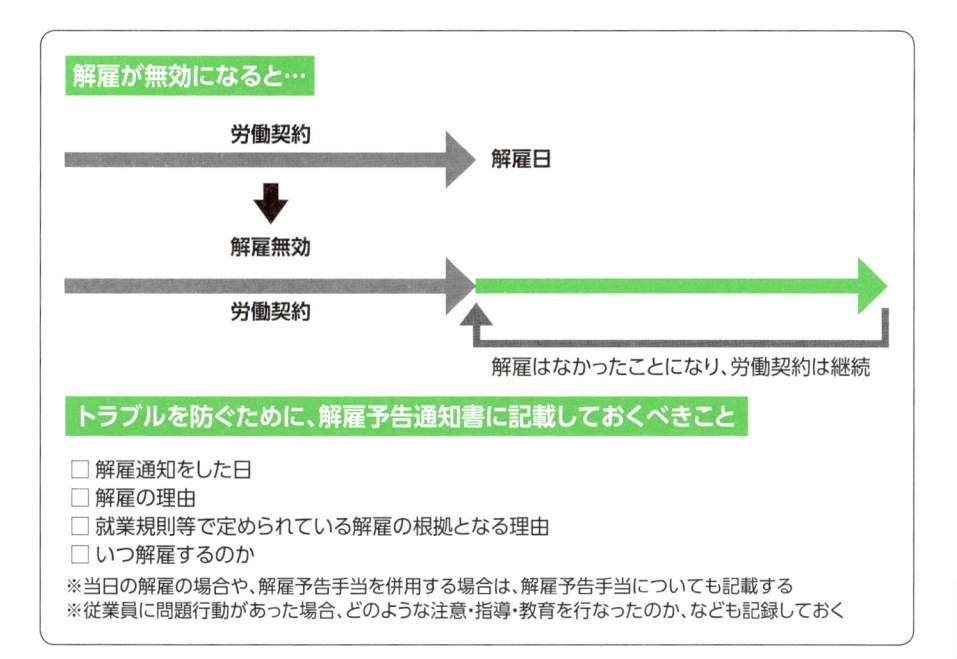

対応はどうだったか、改善の見込みがあるか等を**書面で記録として残しておく**ようにしましょう。たとえば、問題行動が発生したときに従業員から始末書を取り、上司がその後、どのように従業員に指導したかを書面で残しておくことが必要です。

配置転換等を検討した場合も、**議事録などを作成**して残しておきましょう。

従業員を解雇するときには、それまでの書面記録を提示し、会社が十分な説明をすることが大切です。

■ 解雇に関する**トラブルと就業規則**

解雇を巡って従業員とトラブルになった場合、解雇の理由が正当であるかどうかが問題になります。その際に判断基準となるのが就業規則です。

解雇の理由が就業規則に定められ、事実がその理由に該当しているか、就業規則で定められている理由が合理的かどうか、が問われます。解雇基準に該当しない場合、また解雇基準が客観的に合理的な理由がなく社会通念上相当であると認められない場合、解雇は無効と判断されることがあります。

こんなときどうする？ を解決する安心知識
労働基準法と労使トラブルQ&A

Q&A編

1 採用内定を会社の都合で取消すことはできますか？
2 「身元保証書」って、必ず取るべきものですか？
3 学歴・職歴を偽って入社した社員を解雇できますか？
4 外国人を雇いました。注意することはありますか？
5 試用期間の延長はできますか？
6 試用期間中に能力不足が判明！ 解雇できますか？
7 「営業職は男性のみ」とするのは違法ですか？
8 営業として入社した社員を製造部門に回せますか？
9 社員の事情で転勤を拒むことはできますか？
10 出向を拒否された！ どうすれば有効な命令になりますか？
11 今日で退職したい！ 突然の申し出を拒否できますか？
12 退職願を出した翌日に退職の撤回。認められますか？
13 超多忙な日の有休請求にNOと言えますか？
14 会社の都合で休業とした日の有休の請求は拒めますか？
15 遅刻をして出社後、時間単位の有給休暇の請求は拒めますか？
16 退職時の有休の請求に時季変更権は行使できますか？
17 残業を拒否した社員を処分することはできますか？
18 社員が自らした残業！ 残業代の支払いは必要ですか？
19 業績不振による給料の引き下げは可能ですか？
20 健康診断書の提出指示はプライバシーの侵害ですか？
21 仕事が原因でうつ病！ 会社の責任を問われますか？
22 うつ病を認めない従業員に休職命令はできますか？

- 23 入社後にうつ病が判明した社員を解雇できますか？
- 24 休職を繰り返す従業員にどう対応すればいいでしょうか？
- 25 過労死の判断基準は？
- 26 行方不明になった従業員を退職させることはできますか？
- 27 いじめやパワハラが労災認定の原因となりますか？
- 28 厳しい従業員教育・指導！ パワハラになりますか？
- 29 セクハラをされたと苦情がきました。どこからがセクハラになるのでしょうか？
- 30 パート社員の雇用期間に上限はありますか？
- 31 更新を重ねたパート従業員の雇止めはできますか？
- 32 育児休業前後の勤務場所は異なってもいいですか？
- 33 妊娠に伴う退職の勧奨！ 不利益の扱いになりますか？
- 34 退職後、在社期間の賞与を支払わなければならないでしょうか？
- 35 顧客名簿を手みやげに転職！ 懲戒処分できますか？
- 36 ライバル会社に転職！ 退職金を全額カットできますか？
- 37 社費で資格取得後すぐに退職！ 費用を請求できますか？
- 38 タイムカードを不正に打刻！ 関係者を処分できますか？
- 39 仕事中の私的メールをすべて禁止して問題ないですか？
- 40 会社の備品を持ち帰る従業員を解雇できますか？
- 41 遅刻常習犯の従業員を解雇できますか？
- 42 内緒で副業している社員を懲戒解雇できますか？
- 43 営業成績の悪い社員を解雇できますか？
- 44 業務外で飲酒して交通事故！ 懲戒解雇できますか？
- 45 退職願を受理後、解雇と主張されたのですが……
- 46 経営不振を理由に解雇することは不当なのですか？
- 47 組合から団体交渉の申し入れ！ 応じるべきですか？

1 採用内定を会社の都合で取消すことはできますか？

Q 来年卒業予定の学生の採用を内定していますが、業績の悪化が予想されるため内定を取消したいと考えています。取り消すにあたって何か問題はあるでしょうか。

A 原則として内定取消はできないものと思って対処することが求められます。業績の悪化が予想される程度のことで取り消すのは、リスクが高いと言わざるを得ません。

→42ページ参照

　内定通知を出し、応募者から承諾書が来たら、「通知書に記載してある特段の事情」のない限り覆せない、と考えるのがトラブルを防止することにつながります。

　特段の事情とは、卒業できないとき、提出した書類に重大な偽りがあることが判明したとき、勤務に差し支えのある疾病のあることが判明したときなどです。

　この質問では、業績の悪化が予想されるとのことですが、その程度では「社会通念上相当」とは言えません。従業員を解雇しなければならないほどの経営状況に陥っている場合などが、「相当」と言えるでしょう。

　万が一、内定を取消す場合は、本人への通知、説明を行なわねばならないことはもちろんですが、職業安定法によりハローワークや学校への通知が義務づけられています（新規学卒者が対象）。

　手続き書類としては、①新規学校卒業者に係る募集の中止・募集人員の削減通知書、②新規学校卒業者の採用内定取消通知書などがあります。

　正当な事由がない「内定取消」については、取り消された側が解約無効や損害賠償を請求する訴訟を起こせば、請求が認められる可能性が高いと言えます。

✅ チェック
- ☐ 内定を取消しなければならないほどの経営状況か今一度見直す
- ☐ 内定を取り消した場合の会社の信用度がどうなるかを考え直す
- ☐ 学生に別の会社を斡旋する努力を行なう

過去のケース

採用内定の取消事由は、**採用内定当時知ることができず、また知ることが期待できないような事実**であって、これを理由として採用内定を取消すことが解約権留保の趣旨、目的に照らして客観的に合理的と認められ社会通念上相当として是認することができるものに限られるとして、解雇権濫用法理と同様の論理を展開している。
大日本印刷事件 最高裁昭和54.7.20

最近のケース

東日本大震災の影響で内定を取り消された学生は、2011年5月現在で362人、また入社時期繰下げ累計は2,232人(厚労省)、特に被災地の営業所などで採用した学生の内定取消が目立ちます。入社時期繰下げの学生は、今後内定取消の懸念もあります。「震災の影響で客入りが激減した」「津波の影響でキャンセルが増えた」などの理由から業績の悪化が予想されることは確実ですが、まずは条件が緩和された震災特例の雇用調整助成金、中小企業緊急雇用安定助成金などを利用し、内定取消には慎重に対応することがリスク回避につながります。

2 「身元保証書」って、必ず取るべきものですか？

Q 身元保証書の提出を求めるのは、入社してくる人を信用していないみたいで、あまり気が進みません。提出してもらったほうがいいのでしょうか。

A 入社時の身元保証書の提出は広く行なわれています。誓約書とセットで提出してもらうことによって、本人の意識が高まり、会社の安心感につながるでしょう。

　身元保証書は、会社の就業規則を守り誠実に勤務することや、入社して従業員が会社に損害をかけた場合、連帯してその賠償責任を負うことを、身元保証人が会社に対して約束するものです。

　身元保証契約は、連帯保証人契約とはまったく異なるもので、身元保証法に従うものでなければなりません。身元保証法では、入社後従業員が何らかの行為により会社側に損害を与えても、損害賠償請求のすべてが認められるわけではなく、身元保証人の責任・負担の軽減が図られています。

身元保証書は、一度提出すればいつまでも有効というものではありません。**身元保証書の期限は最長5年で、自動更新はできず、更新したい場合はもう1回提出してもらう必要があります。**現実には、そこまでしている会社は非常にまれです。

　また、身元保証人の要件を定めておかなければ、誰でもいいことになりかねませんので、「会社の認める独立の生計を営む成年である者」などと規定します。また、身元保証人を複数人おくこともリスク対策となります。保証書の印鑑は実印かどうか、印鑑証明書の添付をどうするかは任意ですので、会社の定め次第ということになります。また、正社員だけにするか、全従業員に出してもらうのかも会社の定めによります。

身元保証書の例

身元保証書

本人現住所
本人氏名

　この度、上記の者が貴社に入社するについて、本人が提出しました誓約書の各条項を了承の上その身元を保証し、以下の事項を確約致します。

1　本人に誓約書記載の事項を遵守させます。
2　本人が貴社に損害を与えた場合には、直ちに本人と連帯して賠償します。

身元保証期間
　　平成○年○月1日から平成○年○月31日まで
　　5年間

以上

平成○年○月○日

ABC商事株式会社
　　社長　　○○　　殿
保証人
　　住所
　　氏名　　　　　　　　㊞
　　本人との関係
　　　　　　直筆、実印を押印のこと

3 学歴・職歴を偽って入社した社員を解雇できますか？

Q 採用後、職務経歴書に虚偽の記載があることが判明しました。解雇はできますか。

A 仕事に必要な免許などの資格や職歴を偽ったような場合は、就業規則に照らして解雇することができますが、学歴詐称の場合はどの程度のものか慎重に判断してください。

　就業規則の「懲戒解雇の事由」に「学歴・経歴・職歴等の詐称」を入れることが多いのは、会社が応募者の経歴を評価して採用しているからです。幹部社員の中途採用であれば、経歴はなおさら雇用契約の重要な要素となるわけですから、経歴詐称は解雇の理由になると考えてよいでしょう。

　学歴については、会社の職位が学歴別に設定されている場合や、高卒のみを採用する方針だった場合のように、労働力の適正な配置を誤らせる等の理由があれば、これに基づきなされた解雇は有効であると裁判で判断されています。

　たとえば、従業員全員が高卒のところへ、大卒者が高卒と偽って入社すれば、他の従業員とのバランスを欠き、スムーズに仕事が流れなくなる可能性もあります。

　経歴詐称を理由とした懲戒解雇が有効か、無効かを争った過去のケースでは
・真実を告示していたなら採用しなかったと思われる重大な経歴詐称か
・企業秩序維持を困難にさせる可能性があるか
・採用決定の判断において労働力の評価を誤らせたか
・就業規則に定めがあるか
といった点を重視しています。

　いずれにせよ、採用という重大なスタート時点で会社を騙すという行為はその後の信頼関係に大きく影響し、トラブルのもとになりやすいものです。

✅ チェック

- ☐ 就業規則の懲戒解雇事由に経歴詐称が定めてあるか
- ☐ 採用面接の際に、職務経歴書をもとにした面接を行ない、職歴を確認するようにしているか
- ☐ 詐称されたことがらが、直接的に適応性、企業の信用などに影響を及ぼすかどうか

過去のケース

経歴詐称がなかったならば、雇用契約が締結されなかったであろうという因果関係が、社会的に妥当と認められる程度に重大なときは、経歴詐称を理由とする解雇は適法。
関西ペイント事件(昭和30.10.22)

Q&A編

4 外国人を雇いました。注意することはありますか？

Q 留学生のアルバイトを雇用しました。よく働いてくれ、残業もこなしてくれています。日本語もうまく、もっと働いてもらおうと思っていますが、問題はありますか。

A 働いてもらう前に在留資格の確認が必要です。資格外活動の許可を持っているかの確認も必要なほか、働いてもらう時間にも制限があります。

→36ページ参照

　在留資格とは、外国人の方が入国するときに与えられるもので、資格ごとに在留期間が定められています。在留期間を過ぎてなお日本にいる人は不法残留者ということになるので、注意が必要です。

　在留資格は、「外国人登録証明書」で確認することができます。相手の了解を取って、表裏ともコピーを取っておいてください。なお、外国人登録証明書は常時携帯を義務づけられているものです。

　在留資格の種類は多岐にわたりますが、留学生の場合、「留学」という資格では原則として働くことができませんが、本人が資格外活動の許可を持っていれば、その**許可の範囲で働く**ことができます。

　許可の範囲とは、留学生の場合は1週間に28時間です。ただし、夏休みなど、学則で定める長期休業期間にあるときは、1日について8時間以内であり、また、専ら聴講による研究生または聴講生は、週14時間以内という許可の学生もいますので、確認が必要です。

　これらの条件が守れないと、資格外活動の許可が取消になったり、在留期間の延長が認められないなど、本人が不利益を被りますので、いくら優秀な人であっても、雇う側が十分注意する必要があります。

　また、**外国人であっても社会保険、労働保険の加入については日本人と何ら変わるところはありません。**管轄の行政は、法務省入国管理局になります。

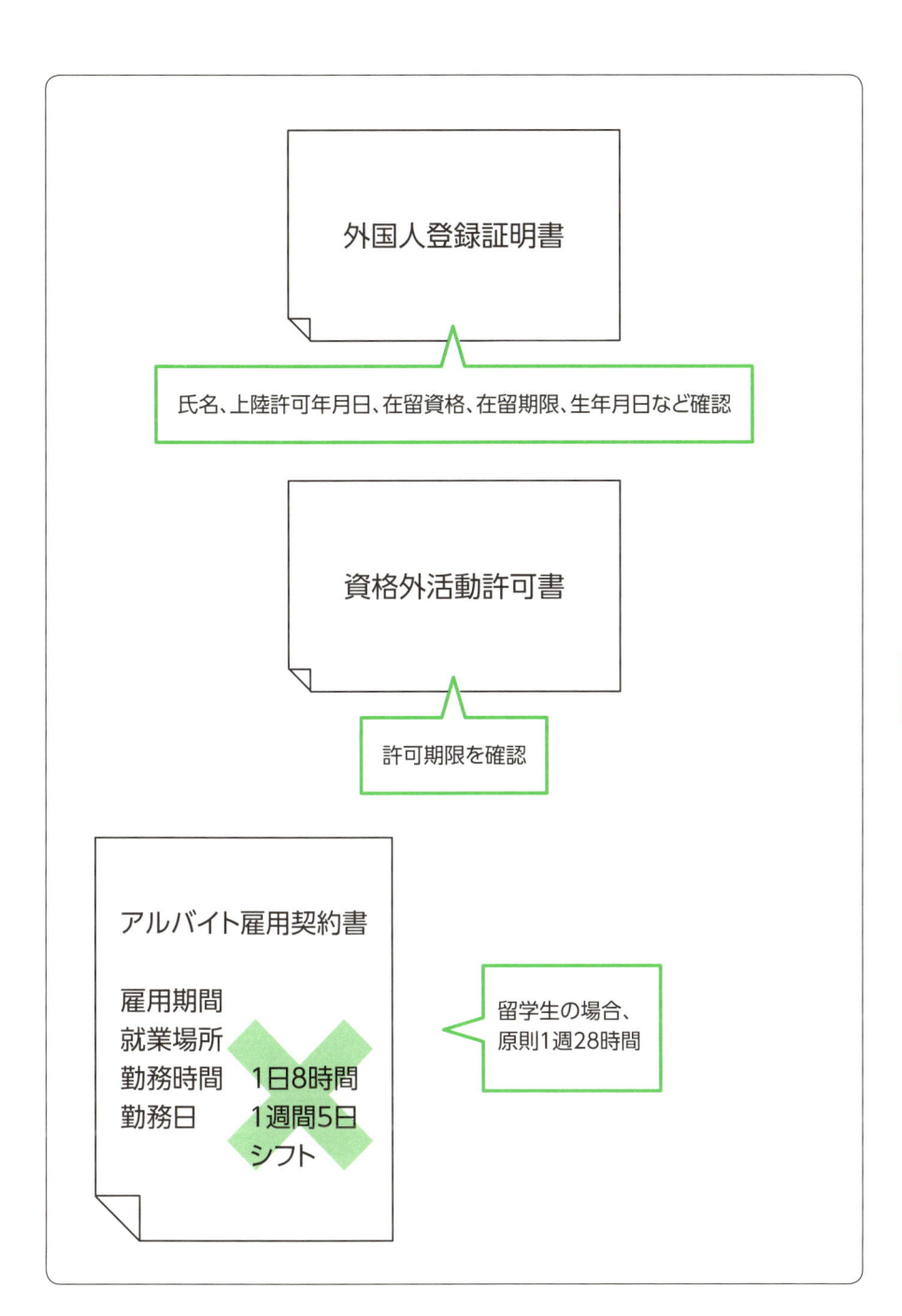

外国人登録証明書

氏名、上陸許可年月日、在留資格、在留期限、生年月日など確認

資格外活動許可書

許可期限を確認

アルバイト雇用契約書

雇用期間
就業場所
勤務時間　1日8時間 ✕
勤務日　　1週間5日
　　　　　シフト

留学生の場合、原則1週28時間

Q&A編

5 試用期間の延長はできますか？

Q 当初3カ月の試用期間だったところを、本採用の結論が出せないため、試用期間を延長したいのですが、できますか。

A 延長できる旨の就業規則の定めがあれば延長は可能ですが、あまり長い試用期間は考えものです。通常は3カ月や6カ月が一般的です。

→42ページ参照

　試用期間の長さについて、法律上の制約はありませんが、3カ月や6カ月と定めているのが一般的です。もちろん3カ月未満としている会社もあります。

　試用期間は従業員としての適格性の判定期間で、働く者にとって不安定な地位にある期間なので、期間は必ず定めなければなりません。いったん定めた期間を延長しようとする場合も就業規則に定めが必要です。なんとなく延長というものは認められません。

　試用期間の延長の有効性は、
・合理的な理由（試用期間中に従業員が長期欠勤し、その業務についての適性を判断するだけの期間がなかった場合など）
・試用期間満了時までに延長する期間も明らかにして通知されているか
・延長される期間がその目的から判断して適正な期間かどうか
　などによって判断されます（大阪高裁昭和45.7.10判決大阪読売新聞社事件）。
　試用期間については、就業規則などにその意味、期間、延長の有無などの内容を記載し、雇用契約を締結する前に定めておくことが必要です。
　試用期間の長さについて法的な制限はありませんが、従業員の能力や勤務態度などを判断するのに必要な合理的範囲を超えた不当に長い期間は、民法上の公序良俗違反として無効になる場合もあります（名古屋地裁昭和59.3.23判決ブラザー工業事件）。

📝 就業規則規定例

新たに採用した者について、採用の日から3カ月の試用期間を定める。
2 試用期間中の者が私傷病等の事由により欠勤し、本採用の可否を判断することが適当でない場合は、試用期間を延長することがある。その場合は、本人と協議して延長期間を設定する。

✅ チェック

☐ 就業規則に試用期間の定めはあるか

☐ その期間は6カ月を超えるような長期になっていないか

☐ 就業規則に試用期間を延長できる旨の定めはあるか

☐ 延長の理由は合理的か、本人に説明できるか

☐ 試用期間中に適切な指導・教育を行なっており、その記録を残してあるか

過去のケース

入社後6カ月を見習い社員期間とし、その後さらに6カ月～12カ月の試用期間を設けていました。試用期間中の労働者は不安定な地位におかれ、結果として1年以上安定した立場にならないとして公序良俗違反となる可能性があります。
（ブラザー工業事件　昭和59.3.23）

6 試用期間中に能力不足が判明！解雇できますか？

Q 試用期間中の社員がいます。仕事の覚えが悪いので辞めてもらいたいと思っていますが、解雇できますか。

A 試用期間中、何も指導せず会社としての責務を果たしていない場合は、解雇権の濫用として無効になる可能性があります。

→160ページ参照

　問題となることが多いのは、勤務態度が悪い、成績が不良、能力不足などの社員への対応ですが、それらが「客観的・合理的な理由が存し、社会通念上相当として是認されうる場合」かどうかを判断しなければなりません。

　勤務態度が悪かったとしても、入社以来一度も注意も指導もせず、試用期間満了のときにいきなり「本採用拒否」ではだまし討ちに近く、訴えられた場合には負ける可能性が高いと言えるでしょう。仕事の覚えが悪いのであれば、**再三注意・指導（できれば書面で）し、それでも改まらない場合に本採用拒否を行なう**という手順が重要です。

　そもそも試用期間とは、労働基準法には平均賃金の計算や解雇予告手当に関連する「試みの使用期間」という文言があるだけで、その定義や効力を規定した定めはありません。

　それだけに試用期間を設けるのかどうか、設けるならどの程度の期間とするのか、本採用を拒否する場合にどのような事由を掲げるのかは、会社または労使で決めることが必要になります。

　ただし、管理職として採用され、賃金などの労働条件が優遇されている場合は事情が異なります。「労働契約で合意された能力・地位にふさわしいものであるかどうかの観点から見て、その地位に要求された業務の能率が悪ければ、試用期間中の解雇は認められる」とした判例もあります。

　この場合、「業務遂行の結果が不良であることの原因として、社内体制など他の阻害要因がなかったか」も確認する必要があります。

試用期間について

①期間を定めて雇用される者にも試用期間を設ける
②いわゆるヘッドハンティングで採用する人にも、見込み違いを解消するため、試用期間の定めを契約書に盛り込む
③紹介予定派遣で入社した場合は、派遣事業関係業務取扱要領に基づいて、試用期間を設けないよう指導がある

✓ チェック

☐ 就業規則に「試用期間の定め」と「本採用を拒否できること」が定めてあるか

☐ 試用期間中に勤務態度不良のことを再三注意したか。注意した書面は残してあるか

☐ 言った、言わないを避けるために、本人の言動を記録しているか

Q&A編

7 「営業職は男性のみ」とするのは違法ですか？

Q これまで、営業職は男性のみでしたが、ある女性従業員が営業職に移りたいと言い出しました。前例がないのですが、どう対応すればよいのでしょうか？

A 男女のどちらかを排除することは、均等法違反になります。女性だからという理由だけで拒否することはできません。

→34ページ参照

　基本的に会社には広く採用・人事の自由が認められています。しかし、男女雇用機会均等法では、**男女で別の基準を作ったり、男女で異なる扱いをすることは認めていません。男女のどちらかを特別扱い（優先）することもできません。**

　2007年に均等法が改正され、**間接差別の禁止**が追加されました。間接差別とは一般的には、男女一律に見える条件だとしても、その条件を適用すると、男性もしくは女性のどちらか一方が、不利益を受けやすくなることを言います。たとえば、業務にさほど必要性がないにもかかわらず、採用時の条件に「身長175cm以上」と設定したらどうなるでしょうか。この表現には男性、女性という言葉は出てきませんので、なんら差別をしていないように見えます。しかし、その条件をクリアすると、結果的に女性が排除されるような場合、間接差別として禁止されています。

　合理的な理由がない場合、次の3つは間接差別となり、男女雇用機会均等法違反となります。
①労働者の募集採用において、労働者の身長、体重、体力を要件とすること
②コース別管理における「総合職」の労働者の募集、採用にあたって、転居を伴う転勤に応じられることを要件とすること
③労働者の昇進にあたり、転勤の経験があることを要件とすること
　この3つの措置以外については、男女雇用機会均等法違反ではありません。

✅ チェック

▶ 間接差別と疑われる3つのポイント

- ☐ 募集・採用時に、身長・体重・体力を要件にすること
- ☐ 「総合職」を募集・採用するときに、引っ越しが必要な転勤ができることを要件にすること
- ☐ 昇進の要件に転勤の経験を入れること

✅ チェック

▶ 例外:男女で異なる扱いが認められるケース

- ☐ 芸術、芸能の分野で表現の真実性が求められるもの
- ☐ 守衛、警備員のうち、防犯上、男性に従事させることが必要なもの
- ☐ 宗教上、風紀上、スポーツの競技の性質上、男女のいずれかのみに従事させる必要性があるもの
- ☐ 労基法第61条1項（深夜業）、64条の2（坑内労働）、64条の3第2項（危険有害業務）の規定により女性を就業させることができないもの、または、保健師助産師看護師法第3条（助産師）の規定により男性を就業させることができないもので、均等な取扱いが困難と認められる場合
- ☐ 風俗、風習の違いにより、男女のいずれかが能力を発揮しがたい海外での勤務、その他特別な事情で均等な取扱いが困難と認められる場合

ポジティブ・アクション

「新規プロジェクトのメンバーを公募したところ、希望者が男性のみだったので、結果的に男性のみのメンバーになった」

このように、女性従業員が男性と比較して職務・役職において4割を下回っている場合は男女格差が存在していると判断され、格差を解消するために女性従業員を有利に取り扱うことが認められます。これをポジティブ・アクションといいます。

8 営業として入社した社員を製造部門に回せますか？

Q 営業職として入社させた社員の業績がおもわしくないので、製造部門に配置転換したいのですが、本人が難色を示しています。職種変更してもいいですか？

A 入社時に職種限定で労働契約を結んだのでなければ職種を変更しても構いません。労働契約書や就業規則を再確認しましょう。

→140ページ参照

　職種の変更とは、社員の職務の内容をある程度の長期間にわたって変更させることを言います。一時的に営業職の社員を製造部門に応援に出すことはこれには当てはまりません。

　営業として雇い入れたものの、向いておらず成績不良である従業員がいる場合には、すぐに解雇するのではなく、職種を変更して雇用を継続させることが重要です。しかし、営業をするつもりで入社した従業員が製造現場への職種変更を拒むといったケースは少なくありません。

　採用時の労働契約、就業規則などで営業職に限定している場合は、本人の同意がない限り製造部門に職種転換できませんが、**限定がなければ業務命令で職種を変更することが可能**です。確実に変更の命令ができるよう、就業規則で規定しましょう。

　しかし、退職を目的にする等、権利の濫用は無効となることもあります。
　一般的に、医師、看護師、アナウンサー等の特殊技能、資格を持っている者については「職種限定で採用された」と認められます。

　職務を変更することで、賃金額が引き下がるケースがあります。「営業職から製造職に異動したことで、営業手当が支給されなくなって賃金ダウン」なら問題ありませんが、そういった理由なく賃金を下げるのは、労働条件の不利益変更となるため、従業員の個別の同意が必要となります。

✅ チェック

▶ 職種変更命令の権利濫用性の判断

☐ 業務上の必要性が存在→高度の必要性は求めていない

☐ 他の不当な動機や目的がない→退職の強要目的・報復的な目的等

☐ 従業員の不利益の程度が少ない→著しい賃金の低下

📝 就業規則規定例

1. 会社は社員に対し業務の必要がある時は職種の変更を命ずることができる。
2. 社員は1項の命令に対し正当な理由がない限り職種の変更を拒むことはできない。

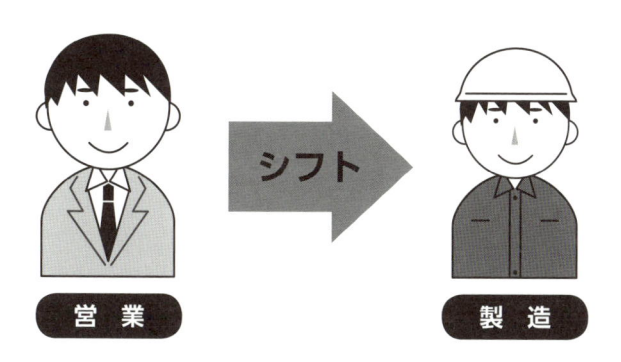

営業 →シフト→ 製造

> ❗ 職種限定で採用されているケースを除いて、業務命令によって職種を変更させることができますが、それに伴い自動的に賃金の減額までできるわけではありません。
> 職種変更することで賃金も減少させたい場合は、賃金の減額につき社員の同意が必要となります（労働契約法第7条ただし書）。

9 社員の事情で転勤を拒むことはできますか？

Q ある社員に転勤を命じたところ、親の介護があるからと、配転を拒まれてしまいました。どこまで家庭の事情を考慮する必要がありますか？

A 育児・介護休業法に定められている事項なので、配慮されない配転は権利の濫用として認められません。

→140ページ参照

　配転とは、職務内容や勤務場所の変更のことを言います。会社にとって配転の意義は大きい一方、社員の私生活に多大な影響を及ぼす側面も持っています。特に転居を伴う転勤は社員の生活に及ぼす影響が大きいことから、注意が必要です。

　平成13年の育児・介護休業法改正で、**子の養育又は家族の介護状況に関する使用者の配慮義務が導入されました。**

　これにより「事業主は、その雇用する労働者の配置の変更で就業の場所の変更を伴うものをしようとする場合において、その就業の場所の変更により就業しつつその子の養育又は家族の介護を行うことが困難となることとなる労働者がいるときは、当該労働者の子の養育又は家族の介護の状況に配慮しなければならない」と定められました（育児休業、介護休業等育児又は家族介護を行う労働者の福祉に関する法律　第26条）。

　会社が求められる配慮とは、右ページのようなことです。

　高齢化の伸展に伴って、両親の介護で転勤命令に従えない社員が増えてくるでしょう。また、子供の犯罪やいじめ問題に不安を抱き、転勤が子供に与える影響を考えると、慣れ親しんだ地域から離れることに抵抗を感じる人も増えるかもしれません。会社はどこまで配慮することができるのかが今後の課題です。

✅ **チェック**

▶会社が求められる配慮

☐ その労働者の子の養育または家族の介護の状況を把握すること（子供が病気を持っているか、介護の内容を把握すること）

☐ 労働者本人の意向を斟酌すること（転勤を拒んでいるかどうかなど）

☐ 子の養育または家族の介護の代替手段の有無の確認を行なうこと（保育園に入れるか、介護施設を利用できるかどうかなど）

☐ 配転が避けられないのであれば、少しでもその負担を軽減する措置（なんらかの手当を支給するなど）を講じること

> ❗ 上は配慮の一例であり、配置転換をしないとか、養育・介護の負担を軽減する措置を取らなければならないということまで事業主に求めているわけではありません。
> しかし配置転換を拒んでいる従業員に真摯に対応することを求めているものであり、配転命令を労働者に押しつけるような態度を一貫して取るような場合は育児・介護休業法の主旨に反するため、その配転命令は権利の濫用として無効となります。

労働契約法
第3条3項：労働契約は、労働者及び使用者が仕事と生活の調和にも配慮しつつ締結し、または変更すべきものとする。

Q&A編

10 出向を拒否された！ どうすれば有効な命令になりますか？

Q 業務上の必要から社員にグループ会社への出向を命じたところ、「理由がない」と拒否されました。出向命令を有効にすることはできるでしょうか。

A それが在籍出向ならば、個別の同意を得る必要はなく、出向命令は有効となります。

在籍出向　あくまでも出向元の従業員としての地位や労働条件を継続しながら出向し、出向先の指揮命令に従って労務を提供します。

移籍出向（転籍）　現在雇用されている出向元の会社との雇用契約関係を終了し、新しく出向先で雇用契約を締結し、労務を提供する形態の人事異動であり、多くの場合、出向元への復帰はありません。

　在籍出向の場合には、必ずしも**個別的な同意は必要ありません**。判例においても、出向義務、出向先の範囲、出向中の労働条件、出向期間等が就業規則や労働協約において在籍出向についての具体的な定めがあり、十分に周知されていれば、包括的な同意があったとして、個別の同意を得る必要はないとしています。ただし、合理性のない出向命令や、業務上の必要がなかったり、人選が不合理、賃金の低下や労働条件の低下など出向となる従業員が著しく不利益を受ける等の事情があれば、権利の濫用にあたり出向命令が無効と判断される場合もあります。一方、移籍出向の場合には、在籍出向と違い、出向元との労働契約を終了し、新たな労働契約を出向先と締結するため、**転籍者の個別的な同意を得る必要**があり、就業規則や労働協約に転籍を命じ得る定めがあったとしても、これを根拠に個別の同意を得ることなく、移籍出向を命じることはできません。

出向

出向はイヤだな…

✅ チェック

- ☐ 就業規則で明確に規定されているか
- ☐ 労働条件が出向者に不利益にならないか
- ☐ 出向先事業所との関係はどうか

出向先の労働条件が著しく劣悪
出向対象者の人選に合理性がない
労使間の協定が遵守されていない

→ 出向命令は権利の濫用として無効となる

過去のケース

出向期間の延長により長期化となっても、出向元との労働契約関係の存続自体が形骸化しているといえないときは、直ちに転籍と同視することはできず、出向延長措置を講ずることに合理性があり、これにより出向者が著しい不利益を受けるものとはいえない事情のもとでは、権利の濫用にあたらないとされています。
（新日本製鐵事件　最二小判平成15.4.18）

Q&A編

11 今日で退職したい！ 突然の申し出を拒否できますか？

Q 突然社員が辞めてしまい、担当取引先より契約を打ち切られてしまいました。この社員に損害を賠償させることができますか？

A 会社は社員が突然辞めたことで損害が生じても、これを賠償させることはできませんが、退職金の減額規定を設けることで、突然の退職を抑制することは可能です。

→136ページ参照

就業規則で「退職は1カ月前に申し出ること」と定めていたとしても、民法では「雇用は解約の申し入れの日から2週間を経過すれば終了する」（第627条第1項）と規定しています。就業規則の規定は予告期間の点につき、民法第627条に抵触しない範囲でのみ有効です。

仮に、「退職には会社の許可を得なければならない」という事項を就業規則に盛り込んでいたとしても、従業員の解約の自由を制約することになってしまうため、その規定は無効と判断されます（高野メリヤス事件 東京地判 昭和51.10.25）。

たとえ従業員が急に退職したことで会社に損害が生じたとしても、裁判で支払いを求めることができる金額はわずかなものにすぎません。従業員が社内ルールを無視して一方的に「突然の退職」を申し出たために損害が発生したとしても、その損害は残念ながら会社側が被ることになると考えておきましょう。

ただし、退職を申し出た日から退職日までの間に出勤がない場合（有休を取得した場合は除く）、退職金や精皆勤手当の減額規定を設けることはできます。就業規則で「合意による退職」と「一方的な辞職」を明確に書き分けた上で、それぞれの退職金の額に差をつけることによって合意退職を選択するように導き、会社の損害をできるだけ抑えることができます。

就業規則規定例

従業員が退職を申し出る場合は、1カ月前までに申し出なければならない。

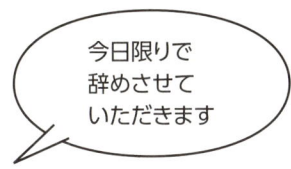

> 今日限りで辞めさせていただきます

退職届

> 急に辞めた社員に損害賠償の請求は困難です。退職金減額規定で予防策を!

12 退職願を出した翌日に退職の撤回。認められますか？

Q 社員から「私は退職します」と申出があり、その場で退職届を書き、署名・捺印後、人事部長に提出しました。翌朝、社員から昨日の退職願は撤回するとの申出がありましたが、撤回は有効ですか。

A 退職の意思の表明は、権限ある役職者が承諾するまでの間ならば撤回できます。本件の場合は、人事権のある人事部長が退職願を受理したことから撤回はできません。

→136ページ参照

　従業員からの「退職の申出」に関わる問題点を整理してみましょう。
　この質問のケースは、労使の合意による「合意退職」です。「合意退職」とは「契約者双方の合意によって契約関係を解約すること」です。合意退職は通常、従業員の「退職する」という申出に対して、人事の権限ある者の「了承」によって成立します。
　このケースでは、撤回はどのような場合に認められるのでしょうか。退職の申出を人事権のある役職者が受理した場合、すなわち了承した時点で労働契約が終了したとすることになります。つまり、言いかえると人事権のある役職者が受理し、了承する前までなら、撤回は可能と考えることができます。
　このほか退職に至らないケースとして「心裡留保」「錯誤」「強迫」があります。
心裡留保：たとえば、社員が会社を辞める意思がないのに退職を申出て、使用者が社員の辞める意思がないことを知っている場合です。この場合の退職申出は無効となります。
錯誤：たとえば、自分は懲戒解雇になると思い込んだ従業員が、「それなら懲戒解雇になる前に自分から退職しよう」と考えて退職を告げた場合です。本当は、使用者は懲戒解雇を考えていなかったときです。これを錯誤と言い、退職は無効となります。
　また、「**強迫**」されて退職を告げた場合にも、取り消すことができます。

辞職の意思表示

労働者による労働契約の解約、単独行為
意思表示が使用者に到達すれば効力が発生

⬇

撤回不可能

合意退職申込みの意思表示

使用者が承諾の意思表示をすれば解約となる

⬇

退職の意思表示が到達しても、**使用者が承諾するまでは撤回が可能**

雇用関係が終了する場合

雇用関係の終了
- 所定の事実の発生（当然退職）
- （例）定年、取締役就任など
- 当事者の意思表示
  - **双方当事者（合意退職）**
  - 一方当事者
    - 労働者（辞職）
    - 使用者（解雇）

13 超多忙な日の有休請求にNOと言えますか？

Q 業務が忙しくて、休まれるとどうしても困る日もあります。そのような時に有給休暇の取得を拒むことはできますか？

A 有給休暇の申請を拒むことは労働基準法違反です。ただし、場合によっては休む日を変更させることが可能です。

→80ページ参照

　会社は「**事業の正常な運営を妨げる場合**」に限って、違う日に休むようにと**従業員に言えます**。では、「事業の正常な運営を妨げる」とはどんな場合かというと、「個別的、具体的に客観的に判断されるべきものである」（昭23.7.27 基収2622）との通達が出されています。

　「この忙しいのに、そんな理由で有休を取るのか……」と思うケースもあるかもしれませんが、法律上は有給休暇をどんな目的のために利用しようと関知しておらず、「休暇の利用目的が休養のためではない」という理由で会社が拒否するのは認められません。要件が揃えば会社の承認の有無などに関係なく、労働者には有給休暇の権利が当然に発生します（林野庁白石営林署事件 最2小判 昭48.3.2）。

　有給休暇をいつまでに会社に言わなければならないかということは法律上決まっていないので、あらかじめ就業規則等でこれを決めておく必要があります（就業規則規定例参照）。

　たとえば、就業規則では2日前の終業時間までに請求することと定めてあるにもかかわらず、当日の朝、有休をとりたいと申し出てきた場合に、会社はこれを拒むことができます。代替要員を確保する時間的余裕がないからです。会社が時季の変更を行使できるだけの時間を考慮し、何日前までに申請させるかを決める必要があります。しかし事故や病気等の緊急でやむを得ない場合は、当日の電話連絡等の申し出であっても認めざるを得ないでしょう。

✅ **チェック**

☐ 従業員が有休を取得しようとする日の仕事が担当業務や所属部・課・係などの一定範囲の業務運営に不可欠で替わりの人を確保することが困難

☐ 業務に具体的支障の生ずるおそれが客観的にうかがえる

☐ 慢性的な人手不足でない

☐ 他の労働者が何人も同じ時季に指定し、業務の運営が困難である

☐ 有給休暇の申請が替わりの人を探せるだけの時間的余裕がない

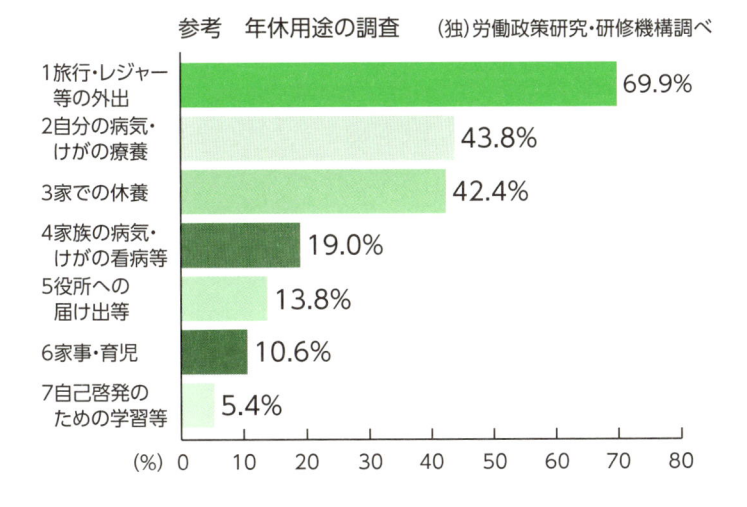

参考　年休用途の調査　　(独)労働政策研究・研修機構調べ

用途	割合
1 旅行・レジャー等の外出	69.9%
2 自分の病気・けがの療養	43.8%
3 家での休養	42.4%
4 家族の病気・けがの看病等	19.0%
5 役所への届け出等	13.8%
6 家事・育児	10.6%
7 自己啓発のための学習等	5.4%

✏️ **就業規則規定例**

従業員が年次有給休暇を申請する場合、指定する最初の休暇の2日前までに、会社に対し会社指定の書面で申し出なければならない。

Q&A編

14 会社の都合で休業とした日の有休の請求は拒めますか？

Q 会社の都合で従業員を休ませる日に有給休暇の申請があったら、これを認めなくてはなりませんか？

A もともと労働の義務がない日なので、有給休暇を認めなくても違法とはなりません。

→52ページ参照

　従業員に働く意思があるにもかかわらず会社の都合で休ませる場合、「仕事をしないからその日は無給」ということでは、労働基準法に違反します。そこで、会社は平均賃金の60％の額の休業手当を支払う必要があります。

　有給休暇であれば100％の賃金が保障されるところを、休業手当では平均賃金の60％しか支払われず、従業員の収入が減少してしまうわけですから、このケースでは従業員が有給休暇を申請したものと思われます。

　工場の機械のメンテナンス等、**会社の都合で従業員を休ませる場合、その時点ですでに労働の義務がなくなっているので、その日に重ねて労働の義務を免除することはあり得ません**。このため、有給休暇を取らせなくても違法ではありません（昭31.2.13 基収489号）。育児休業期間中の従業員も同様に労働の義務がないため、有給休暇を請求する余地はない（平3.12.20基発712号）とされています。

　しかしながら実務上は、後から有給休暇に振り替えることを認めても差し支えないとされています。従業員に有利であれば認めても差し支えないということでしょう。

　では、従業員が有給休暇を申請している日が、のちに会社の都合で休みになった場合はどうでしょうか？　その従業員が有給休暇を申請し、会社が時季を変更せず認めているのであれば、すでに有給休暇として成立しているので、有給休暇として取り扱う必要があります。

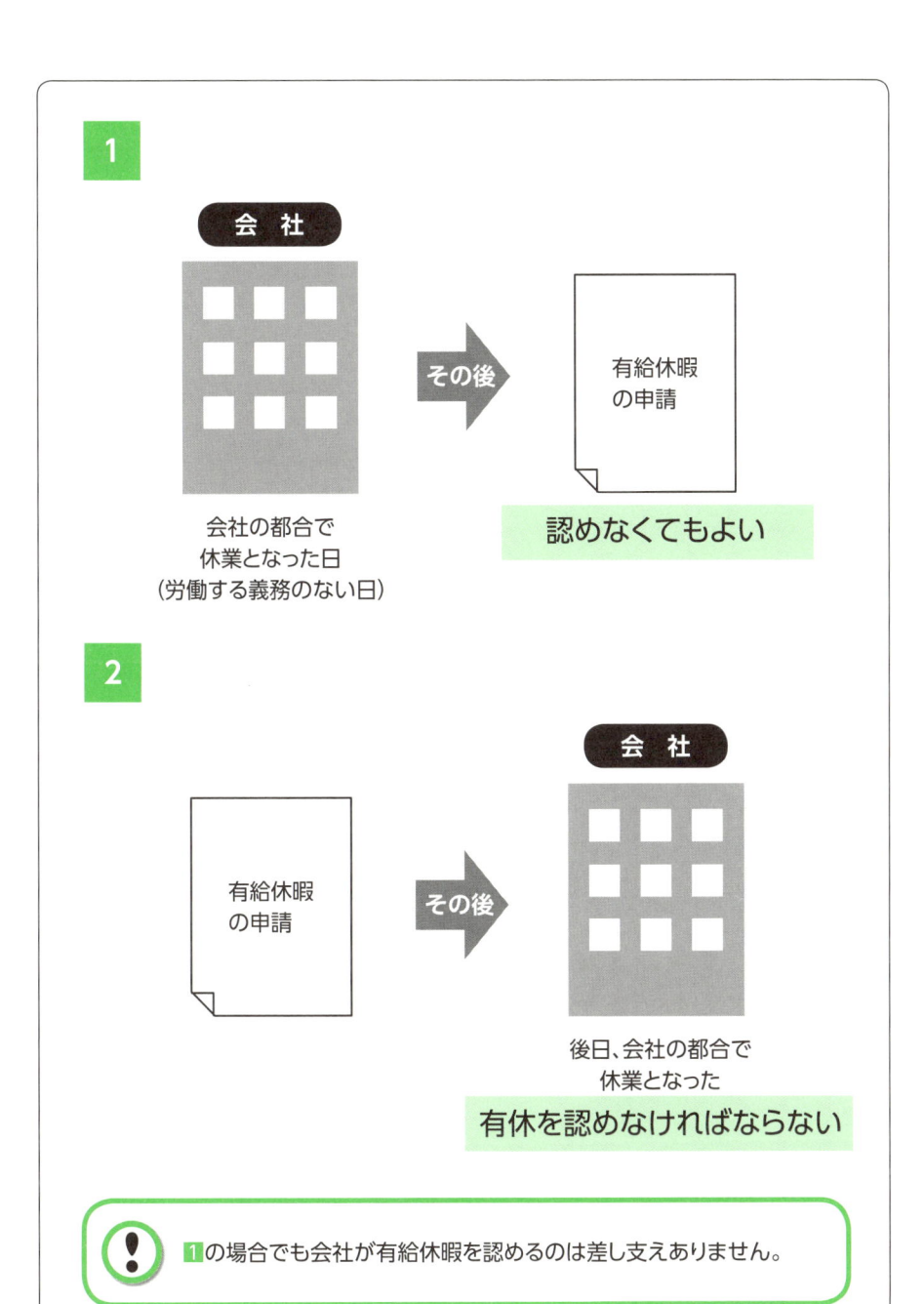

1

会社

会社の都合で
休業となった日
(労働する義務のない日)

→ その後 → 有給休暇の申請

認めなくてもよい

2

有給休暇の申請 → その後 → **会社**

後日、会社の都合で
休業となった

有休を認めなければならない

> ❗ **1**の場合でも会社が有給休暇を認めるのは差し支えありません。

15 遅刻をして出社後、時間単位の有給休暇の請求は拒めますか？

Q よく遅刻をする社員が、遅刻を時間単位の年次有給休暇に振り替えたいと時間単位有休の請求をしてきました。これを認めなければなりませんか？

A 事後の振替を認めないことも可能です。トラブルを防ぐためにも就業規則に明記しましょう。

　平成22年4月に労働基準法の大幅な改正があり、事業場で労使協定を結べば、**1年に5日を限度として時間単位で有給休暇を取得することができる**ようになりました。

　しかし、社員が遅刻または無断欠勤し、後から有給休暇に振り替えたのでは、この趣旨とかけ離れてしまいます。

　有給休暇の取得の申請については、社員が急病で休んだ時など、恩恵的に、後から有給休暇の申請を認めている会社もありますが、時間単位の有給休暇も後からの申請を認めなければいけないわけではありません。また1日単位の有給休暇と時間単位の有給休暇で事後の申請の取り扱いを別に定めることもできます。遅刻や早退による時間単位の有給休暇の濫用を防ぐためには、就業規則に「時間単位の年次有給休暇の事後の振替を認めない」旨の定めを盛り込むことが必要です。

　原則として、有給休暇を取ったことで不利益を被らせてはいけません。有給休暇の取得を阻害することになるからです。

　皆勤手当の不支給が不利益な扱いにあたるかどうか、皆勤手当を不支給にすることで従業員にどれほどの経済的影響を与えたかが問われます。

　「月に1回有休を取得すると皆勤手当は半額、2回有休を取ると不支給とする労働協約や就業規則は無効とは言えない」とした判例もあります。

遅刻した社員：時間単位の有給休暇を使います

社長：ダメダメ！

社長：あれ?! 皆勤手当がついていない！

社長：今月は有給休暇で休んだから皆勤手当はないよ!!

有給休暇を取った社員（給与明細）

> ❗ 就業規則に時間単位の有給休暇の事後の振替を認めない旨の定めをしておきましょう

Q&A編

16 退職時の有休の請求に時季変更権は行使できますか？

Q 1カ月後の退職日まで全部有給休暇をとって出社しない社員がいて、引き継ぎができずに困っています。何かよい方法はありませんか？

A 退職日まで全部の日にちの有給休暇の申請があり、引き継ぎができないような場合でも、従業員からの有給休暇の申請を拒むことはできません。買上げる場合もあります。

　会社は社員の有給休暇の申請に対して、「事業の正常な運営を妨げる場合」に有給休暇を取得する時季を変更させることができますが、これはあくまでも別の日に有給休暇を取ってもらうことを指し、有給休暇自体を取らせないということはできません。退職日以降に有給休暇を取ることはできないわけですから、結果的に残りの有給休暇を認めるしかないのです。

　仮に就業規則で「退職が決まった後に残りの年次有給休暇を一斉に取得することを禁ず」と規定しても、請求の通り有給休暇を取らせなければなりません。

　有給休暇は、次のいずれかに該当すると消滅します。
①有給休暇が発生したときから2年が経過した場合
②従業員の解雇退職などによって労働関係が終了した場合

　今回は②に該当するので、有給休暇を買い上げても違反となりません。

　有給休暇は労働する日の労働義務が消滅するということであるのに、現実に労働させた上で金銭を労働者に支払うということでは、有給休暇を与えたことにはならないし、事前の買い上げにより有給休暇の取得が抑制されてしまうからです。

　ただし、未消化の有給休暇を事後に会社が買い上げる義務はないので、仮に従業員から買い上げを打診された場合に買い上げなくても、問題はありません。

退職日がからまない有給休暇

（男性社員）う〜ん 休みたかった……

（上司）すごく忙しい時期なので、有給休暇で休まないでね！別の日なら可能です

! 有給休暇の事前の買い上げはできません。

（女性社員）忙しかったので有給休暇を取れず、消滅します。買い取ってくれますか？

（上司）買い取らなければいけないのかなぁ……

! 消滅する有給休暇は買い取っても問題ありませんが、買い取るかどうかは、会社が決められます。

! 退職日までの全部の日にちを有給休暇で休むと言われ、引継ぎができない場合でも、これを拒むことはできません。
日頃から有給休暇を取りやすい環境づくりが大切です。

17 残業を拒否した社員を処分することはできますか？

Q 残業を命じたところ、ある社員が「所用があるから」と残業を拒否しました。どうしたらよいでしょうか？

A 会社は社員に業務命令として残業を命ずることができます。家族の介護や育児等の正当な理由がない限り、社員はこれを拒否することはできません。

→86ページ参照

　法定労働時間を超えて社員を働かせるには、まず、36協定を結び、労働基準監督署に届け出る必要があります。ただし、36協定は免罰効果があるにすぎず、時間外労働を強制できるわけではありません。時間外労働をさせるには、労働契約上の根拠が必要となります。

　労働契約とは、あらかじめ決められた時間（所定労働時間）に労務を提供するという合意にすぎません。その時間を超えて労働させるには、従業員が新たな契約内容に同意することが必要です。具体的には、就業規則に「業務上の必要性に基づいて時間外労働を命ずることがある」と規定し、労働条件通知書にも明示することによって、同意を得ます。これによってはじめて、会社が時間外労働を指示した時に従業員が時間外労働をする義務が生じることになります。

　従業員がこの指示に従わない時は、残業指示違反、職務規律違反として懲戒処分にし、仮に損害が生じれば債務不履行の責任を追及することもできます。 ただし、従業員が残業拒否をする正当な理由とは、従業員本人や上司が正当であり、妥当だと考える理由であれば、それは正当な理由となり得ます。法律で規定される理由のみではありません。たとえば「眼精疲労を理由に残業命令を拒んだのは、残業命令に従えない事情があった」と判断された裁判例もあります。なお、残業命令拒否に対して「業務命令違反」として懲戒処分を課すには、就業規則で懲戒に関する事項を決めておく必要があります。

✅ チェック

▶ **あなたの会社は残業できますか？**

☐ 36協定がある

☐ 就業規則に規定がある

☐ 業務上必要であり、やむを得ない場合である（ただし、家族の介護がある、育児等の家庭の事情がある場合を除く）

☐ 残業の指示の内容に合理性がある

以上を満たした時に会社は従業員に時間外労働の指示ができます。

> デートがあるので、帰ります♡

> ❗ 残業を命じる時は、従業員の意思を尊重し、またその私生活にも配慮することが求められます。
> また従業員の健康等、利益を著しく損なう場合は労働者保護の観点から拒否できる余地はあります。

18 社員が自らした残業！ 残業代の支払いは必要ですか？

Q ダラダラと勝手に残業し、割増賃金を請求する従業員がいます。このような場合でも割増賃金を支払わなければなりませんか？

A 就業規則に残業は許可制である旨を明記すれば、通常の賃金及び割増賃金を支払う必要はありません。ただし、そのような規定がなければ、割増残業代を請求されることがあります。

　昨今の不景気の中、残業がなくなれば社員も生活が苦しいといった現実もあるので、会社からの指示・命令がないのにもかかわらず、時間外労働をし、割増賃金を請求する者も出てきます。社員の勝手な時間外労働を無制限に許してしまうと、勤務時間内で納まる量の仕事であっても、むやみにそれを引き延ばし、ダラダラと残業して割増賃金を発生させるということにもなりかねません。そこで時間外労働を許可制にすることにより、無用な時間外労働を防止するのです。

　申請書には「残業をする業務内容」「残業をしなければならない理由」「どのくらいの時間残業をするのか（時間数）」を記入させ、**あらかじめ直属の上司に認められた場合にのみ、時間外労働ができるという制度**をつくります。

　その場合、会社の許可なく行なった時間外労働は、労働契約に基づくものではなくなるので、通常の賃金も割増賃金も支払う必要はありません。ただし、会社の許可なく時間外労働をしているのを黙って見過ごしていると、「**黙示の時間外労働命令**」がなされたとみなされ、許可を得ていなくても時間外労働が正当なものとなり、割増賃金を支払わなければなりません。会社の指示した仕事の量が客観的に見て正規の時間内では終わらないと認められる場合も、超過勤務の黙示の指示によって時間外労働が行なわれたと判断されます。時間外労働とみなされないためには、残業をしないよう従業員に何度も注意をするなど、なんらかの働きかけをしましょう。

申請書例

残業・休日出勤申請書

_____ 殿

平成　年　月　日

氏名　　　　印

以下の通り　残業　休日出勤　の申請をします。
　　　　　　　（該当しないほうを線で消す）

【日　に　ち】　平成　　年　　　月　　　日
【予 定 時 間】　　　　時　　分～　　時　　分（　時間　分）
【業務の内容】　_____
【申請の理由】　_____

※終了後、すみやかにタイムカードに退社時刻を打刻し退社すること。
※残業の実績を必ず報告すること。

承認　・　不承認

【不承認の理由】　_____
_____

【実際の 残業・休日出勤時間】
残業・休日出勤時刻　　　時　　　分～　　時　　　分
残業・休日出勤時間　　　時間　　　分

就業規則規定例

業務上やむを得ず時間外労働の必要性が生じたときに、従業員はあらかじめ直属の上司に事前に時間外労働の許可を得なければならない。会社は従業員が許可なく時間外に労働した場合は、その業務の実施に要した部分の通常の賃金及び割増賃金を支払わない。

19 業績不振による給料の引き下げは可能ですか?

Q 業績が悪化したため従業員の賃金を一律カットしたところ、「それは違法だ」と非難の声があがりました。どうすればよいでしょうか?

A 労働条件の不利益変更には、「労働者と個別の同意」「労働協約の締結」「就業規則の変更」、いずれかの手続きが必要となります。

→28ページ参照

　労働条件の変更は、労働契約の変更です。**労働条件を変更するには、原則として労使間の合意が必要**となります。またその合意は「労働者の自由な意思に基づいてなされたもの」でないと認められません。「労働者が異議を申し立てなかった」だけでは、労働条件の変更を認めたことにはならないのです。

　会社に労働組合がある場合には、労働協約を結ぶことで賃金を減額することが可能です。ただし、労働協約の内容が著しく不合理である場合（たとえば高年齢の従業員のみ大幅な賃金減額を課すなど）や、労働協約の締結手続きに不備がある場合（たとえば不利益を被る組合員の意見を組合の意思決定に反映させる特別な手続きをとるとの決まりがあるのに、手続きをとっていない）は変更できません。労働組合法第17条の要件が満たされている場合、労働組合に加入していない労働者の労働条件もこの労働協約によって不利益に変更されます。

　就業規則の変更によっても、労働条件を変更することができます。その変更が、業務上の必要性と労働者が被る不利益の内容程度が合理的でなければなりません。

　賃金は労働者の「生活の糧」ですから、**不利益を被らせるに足るだけの「高度な必要性に基づいた合理的な内容」**でなければ認められません。

　まずは賃金をカットせざるを得ない理由を個々の労働者によく説明し、理解を得ることが必要です。

労働条件は勝手に変更できません!
労働条件の変更ができる場合

1 労働者と使用者が個々に合意する

2 労働協約による場合

3 就業規則を変更する場合

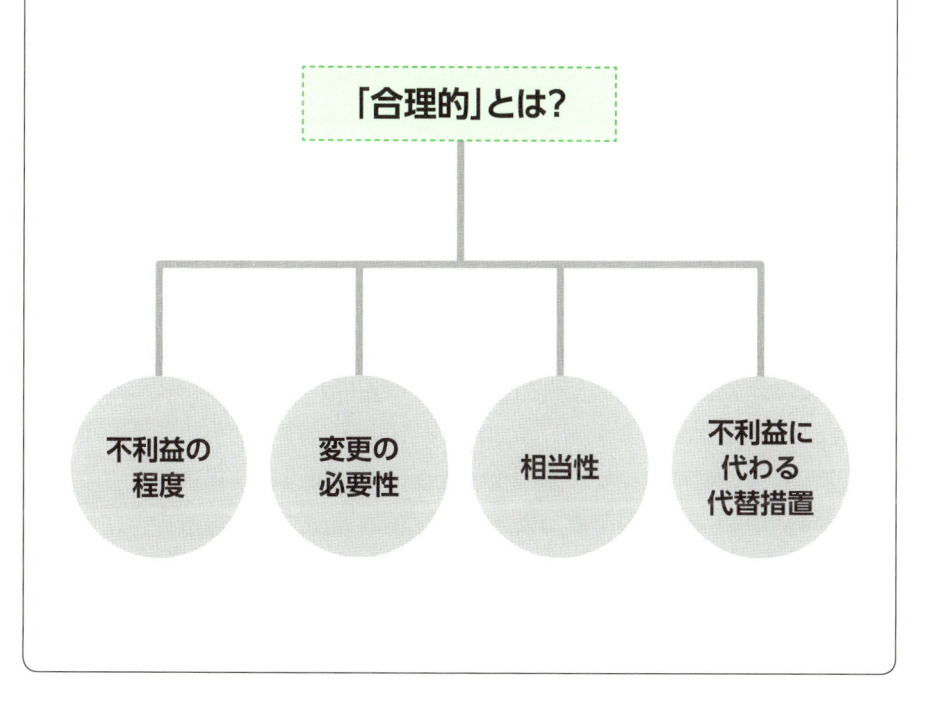

「合理的」とは?

- 不利益の程度
- 変更の必要性
- 相当性
- 不利益に代わる代替措置

20 健康診断書の提出指示はプライバシーの侵害ですか？

Q 様子がおかしいので健康診断書の提出を命じたら、プライバシーの侵害だといきなり怒り出しました。提出を強制できますか。

A 個人情報保護法の観点から、本人自らが提出しない限り、健康診断書の提出を強制することはできませんので注意してください。

　会社は従業員に対して、年に1回以上、定期健康診断を受診させなければなりません。一方、従業員にも健康診断を受診する義務が定められています。

　会社、従業員いずれにも義務があるわけですが、会社が定期健康診断を受診させなかった場合には罰則があるのに対して、従業員が健康診断を受けなくても罰則はありません。

　会社は従業員に対する「安全配慮義務」を負っています。安全配慮義務とは、従業員が安全に業務に従事できるようにする義務（労働契約法第5条）で、安全配慮義務を怠ると、民事・行政上の責任が発生します。

　健康状態はプライバシーという権利で保護されるべき個人情報であり、慎重に取扱わねばなりません。しかし、従業員は会社との間で雇用契約を締結しているわけですから、その契約内容の履行に関連した場合に会社が情報を把握するのは、プライバシーの侵害にはならないと考えます。もちろん情報は厳格に管理しなければなりません。

　労働安全衛生法に基づく健康診断の結果の通知についても、従業員の個人情報ではありますが、本人への通知が会社に義務付けられています。そのため、受診しない従業員、受診を拒否する従業員には、就業規則に基づく懲戒処分も可能です。なお、健康診断の結果、何らかの異常がある場合は、会社は安全配慮義務の観点から、病院を紹介したり、再検査に行くよう指示しなければなりません。これらのことを怠って損害賠償の請求をされたというケースもあります。

✓ チェック

☐ かかりつけの医師への受診を促したか

☐ 産業医を紹介したか

☐ 就業規則に定期健診の受診義務が定めてあるか

☐ 就業規則に定期健診以外の受診義務が定めてあるか

☐ 就業規則に受診義務違反のときの懲戒処分の定めがあるか

☐ これらのことが本人に説明、周知されているか

☐ 受診のための就業時間についての配慮をしたか

☐ 受診の時間についての給与面での配慮について説明したか

従業員本人に通知するよう会社が義務づけられている健康診断の結果

①雇入れ時の健康診断
②定期健康診断
③特定業務従事者の健康診断
④海外派遣労働者の健康診断
⑤結核健康診断
⑥労働衛生指導医の意見に基づく臨時の健康診断
⑦給食従業員の検便
⑧歯科医師による健康診断

21 仕事が原因でうつ病！ 会社の責任を問われますか？

Q うつ病で退職を考えているという従業員が、原因は会社にあるとして損害賠償を請求してきました。どのような対応が必要でしょうか？

A 安全配慮義務を問われる可能性があります。労務管理の状況や就業環境についての十分な情報収集を行ないましょう。また、専門家の意見を交えるなど、客観的な判断が必要です。

→108ページ参照

　うつ病などの精神疾患を患った場合も、けがなどと同様に判断されることになります。仕事のストレスが原因でうつ病を発症させた従業員がいた場合、会社がなんら対策をとらず、安全配慮義務を怠ったと判断されると、債務不履行とされ、賠償責任を負うことになります。また、事業主の故意・過失などが認められた場合は、不法行為責任で損害賠償責任を問われる可能性が高くなります。一般的に判例は、「能力・適性欠如に基づく解雇」を厳しく制限する立場をとっています。

　安全配慮義務を問われないためには、日頃からの、従業員の時間の管理や残業削減、有給休暇の取得促進などにより、疲労の蓄積度合いを確認し、心身の健康を損なうことのないよう注意する必要があります。会社はその上で、表面化した精神疾患の症状に配慮をしながら、仕事の質や量を調整し、負担の軽減を図りつつ、業務を進める必要があります。

　過重労働が原因で、過労死、過労自殺が増加していることに比例して、従業員の家族や遺族が会社に損害賠償を請求する事件も増えています。**会社には、労働契約に付随し、適正かつ快適な職場環境を整え、従業員の安全と健康を守る義務があります。**さらに、優秀な人材の流失、確保難などの面でのデメリットもあります。過重労働を防止するため、時間外・休日労働の削減等のほか、やむを得ず長時間にわたる時間外・休日労働をさせた従業員に対しては医師による面接指導を行なうなど、しっかりとした対策が必要です。

事業所でのメンタルヘルス対策
4つのケア

セルフケア

自らの気づき
・自分自身のストレスに意識を向ける

ラインによるケア

管理監督者からのケア
・相談対応や職場環境の改善など

事業場内産業保健スタッフ等によるケア

産業医や衛生管理者等の専門スタッフによる提言や支援など

事業場外資源によるケア

外部機関による支援、サービスの活用など
・各都道府県産業保健推進センターの活用など

> ❗ まずは、教育研修や相談窓口の設置など社内の体制を整えましょう

22 うつ病を認めない従業員に休職命令はできますか？

Q うつ病の症状がみられる従業員がいます。休職を命じていますが、本人は大丈夫だと言って命令に従いません。どうしたらよいでしょうか？

A 客観的な判断が必要ですので、まずは、精神科の専門医など会社指定の医師による診断を受けるよう促してみましょう。

→110ページ参照

　会社は従業員に対して、安全配慮義務を課されている以上、精神的な健康を保つため、必要に応じ業務命令として、医師への受診を命令することは可能です。就業規則にその旨が規定されていれば、よりスムーズに対応することができます。時間が経つにつれ、状況は悪化するばかりですから、早急な対応が必要です。

　とは言え、精神的な不調を認めたくない従業員にとっては、医師の受診を勧められても素直に応じるとは限りません。ストレートに心の問題に触れるのではなく、**長時間労働や疲労の蓄積を理由に受診を勧めるといった工夫も必要**かもしれません。産業医や会社指定の医師による診断結果により、うつ病など精神的な疾患が認められた場合は、会社や管理監督者である上司等は、病気休業診断書が提出されたことを、社内の人事労務管理スタッフ及び事業場内産業保健スタッフに連絡しましょう。また、休職を開始する従業員に対しては、療養に専念できるよう安心させると同時に、休職中の事務手続きや職場復帰支援の手順についての説明をします。場合によっては従業員の同意を得た上で主治医と連絡をとり合う、また、従業員の配偶者・親など家族との連携をとり、家庭内での様子を知ることも重要です。「○カ月程度の療養を必要とする」と書かれた診断書など、客観的に判断できる材料をもとに対応するようにしましょう。

✅ **チェック**

こんな従業員はいませんか？

☐ 遅刻や欠勤を繰り返す

☐ 何度注意しても、同じ間違いを繰り返す

☐ 急に泣き出すなど、情緒が不安定

……など

従業員：「大丈夫です」

事業主：「ちょっと最近おかしいよ！少し休みなさい！」

❗ 安全配慮義務を遂行するため会社指定医の受診を命令

⬇

❗ 素人だけの判断ではなく専門家の意見を交え客観的に判断しましょう

23 入社後にうつ病が判明した社員を解雇できますか？

Q 先日採用した従業員の様子がおかしいので確認したら、2年前からうつ病で通院していることが判明しました。どう対応すればよいですか？

A 労務の提供がどこまで可能かを判断する必要があります。まずは従業員に受診を勧めたり、休養を促すなど慎重な対応をし、状況を把握することが大切です。

→160ページ参照

　採用時にメンタルヘルスの不調が確認できていれば、採用しなかったかもしれないケースでも、現に入社をしてもらった以上、安易な取扱いはできません。お互い合意の上で結んだ労働契約に基づいて、必要な業務をこなせるのかどうかを確認していく必要があります。

　会社側は、ある一定の労務の提供を期待して採用します。また、採用される側も、それに応えていけると判断し、入社に至ったのでしょう。であるにもかかわらず、労務の提供が十分でない場合は、試用期間中に本採用の取消や、解雇の手続きをとらざるを得ない場合もあります。採用から時間が経過していない場合や、試用期間中であれば雇用継続をするかしないかの対応が可能ですが、数カ月が経過してからでは、解雇問題となることがあり、難しい判断を求められます。

　このような状況を招かないためには、採用時に応募者から**メンタルヘルスに関する既往病歴を自己申告させる**か、または面接等で理由と目的を明らかにして**本人の同時を得た上で精神疾患履歴の質問をすることも可能**です。しかし精神疾患はプライバシーに関わる要素が強いので、質問するのであれば、細心の注意が必要です。

　会社側の求めた確認事項について、虚偽の説明・申告をし、採用後に発覚した病状で会社に損害を与えた場合は、採用の選考時に虚偽の説明・申告をしたとして採用取消などの対応が可能な場合もあります。

既往症歴を自己申告……

絶対に強制しないこと

目的は
・業務に耐えられるか、労務の提供が可能かを判断するため
・採用後の安全・健康配慮義務を果たすため

↓ 虚偽の申告があった場合

**試用期間中の本採用取り消しを検討することも可能
就業規則に則り明確な判断をしましょう！**

> ❗ 「雇入れ時の健康診断」の内容によって採用の可否を判断することは就業差別につながるおそれがあり、注意が必要です。

24 休職を繰り返す従業員にどう対応すればいいでしょうか？

Q 休職期間満了前になると復帰してくるものの、すぐに再発し休職を繰り返す従業員がいます。どのように対応すればよいのでしょうか？

A 本人の意思、主治医の意見はもちろんのことですが、会社の産業医や会社指定の医師の意見を聞き、復帰可能かどうかを判断すべきです。

　まじめで仕事熱心、責任感の強い従業員は、「早く復帰を果たして、元のように仕事をしなければ」「みんなに迷惑をかけて申し訳ない」と、焦る気持ちが先に立ち、その"やる気"に主治医も思わず、「職場復帰可能」と診断書を書いてしまいがちです。本人の気持ちが一番大事だとはいえ、問題は職場に復帰をし、業務を遂行できるかどうかです。職務内容、就業環境などをほとんど把握していない主治医の意見だけで、職場への復帰を判断するのは危険です。

　主治医に対して、職務内容、就業環境などを伝えた上で判断をしてもらうことも必要ですが、さらには、会社の内情を把握している産業医や、会社指定の医師の診断結果によって、**職場復帰の可否を判断**できるようにしましょう。

　休職・復職を繰り返すことは、会社にとって労働力の喪失や、人材育成が進まないといった不利益があるのはもちろんのこと、従業員本人にとっても、治療が中断したり、完治するまでの期間が延びるおそれがあります。

　職場復帰にあたっては、従業員からは「**完全な労働力の提供**」を受ける状態であるべきですが、治療を続けながら短縮勤務や隔日勤務といった「不完全な労働力の提供」を会社が認め受け入れるのであれば安全配慮義務が発生します。

完全に復帰する前に

職場復帰が可能であると判断される場合でも、事前に「試し出勤制度」を導入してみる

通勤訓練

いつもと同じ時間に、同じ通勤経路で職場近くまで来てみる。また、その後、一定時間を過ごし帰宅する。

試し出勤

元の職場などに、一定期間継続して試しに出勤してみる。

労災・賃金の支払い

試しとはいえ、「労働」である以上、労災加入や賃金の支払いは当然、必要です。

> ❗ 労働法令を遵守しつつ、リワーク支援をしましょう

25 過労死の判断基準は？

Q ある従業員の遺族が、夫が倒れたのは過酷な勤務が原因だとして、会社の責任を求めてきました。会社の責任は、どのように判断されるのでしょうか？

A 脳・心臓疾患の労災認定基準は、発症直前から前日に異常な出来事があったか。発症1週間前の短期間と、発症前おおむね6カ月間に、過重な業務があったかどうかで判断されます。

→108ページ参照

　長時間労働は、精神的な疾患だけでなく、脳・心臓の疾患を引き起こすと言われています。労働安全衛生法では、以下の場合、従業員からの申し出に基づいて、産業医などによる面接指導を実施することが義務づけられています。

・従業員の**時間外労働が月100時間を超え**、疲労の蓄積が認められるときは、従業員の申し出により、医師による面接指導を行なう義務がある
・従業員の**時間外労働が月80時間を超え**、疲労の蓄積が認められるときに、従業員が面接指導を申し出た場合、医師による面接指導に準ずる措置を講じる努力義務が課されている

　一般的には、**月の時間外労働が45時間を超えると**「過重労働のおそれがある」とされます。当然ながら、その時間数が100時間に近づくほど健康障害を起こす可能性は高まります。100時間を超えなくても長時間労働が続き、疲労がかなり蓄積している状況で、健康不安を感じている従業員がいれば、会社は面接指導などを受けさせ、その結果に基づいて就業場所の変更、労働時間の短縮、深夜業の減少など、必要な措置をとらなければなりません。この対応を怠って症状が悪化した場合は、安全配慮義務違反を問われることになります。

　過労死の労災認定については、慢性の疲労や就労態様に応じた要因を考慮することとして、厚生労働省では認定基準の基本的な考え方を概要として示しています。

脳血管疾患及び虚血性心疾患等の認定基準

①発症直前から前日までの間に異常な出来事に遭遇した

・業務に関連した人身事故
・極めて暑熱な作業環境への出入り　など

②短期間の過重業務（発症前おおむね1週間）

・発症直前から前日に特に過度の長時間労働があった
・発症前1週間以内に継続した長時間労働があった
・休日が確保されていない　など

③長期間の過重勤務（発症前おおむね6カ月間）

発症前1カ月間に100時間を超え、もしくは発症前2カ月間ないし6カ月間にわたって1カ月あたりおおむね80時間を超える時間外労働があった

---

①〜③に加えて
勤 務 形 態：拘束時間の長さ、出張の回数、深夜勤務など
作 業 環 境：温度環境、騒音、時差など
精神的緊張：危険物質の取扱い、過大なノルマなど
「日常的に緊張を伴う業務について、負荷要因がどの程度あったのか」も評価されます。

26 行方不明になった従業員を退職させることはできますか？

Q 連絡が取れなくなって約2週間経つ従業員がいます。自宅にいる形跡がなく、どこに行ったのか見当がつきません。このまま退職手続きをとって問題ないでしょうか？

A 就業規則などに退職事由として規定していれば可能ですが、解雇予告との均衡を考えると、無断欠勤期間が30日以上は必要でしょう。

　会社がとるべき対応は、まずは出勤するように促すことです。できれば数回実施した上で、反応がなければ内容証明（配達証明付）で行ない、保管してください。従業員の家族ではなく、本人に直接伝えなければなりません。

　それでも一向に連絡が取れず、行方不明で無断欠勤が続く場合は、従業員から「黙示の退職の意思表示」があったものと判断することも可能でしょう。就業規則に「行方不明の状態で一定期間継続して無断欠勤が続く場合は退職とする」旨の規定があれば、その規定に則り、「一定期間」が経過すれば自動的に退職することになります。

　合理的な退職扱いにするためには、解雇の場合に必要な30日以上の予告期間との均衡を考慮して、**無断欠勤期間が継続して30日を超えることが必要**と考えてください。

　なお、解雇とする場合は、従業員が行方不明となっているので、解雇の意思表示を本人に伝えられません。本人と連絡が取れない状態にある以上、解雇の意思表示をすることは困難です。このような場合には民法第98条の公示送達という方法により、懲戒解雇の意思表示を行ないます。公示送達は従業員の最後の住所地を管轄する簡易裁判所に申し立てをし、裁判所の掲示板に掲示するほか、官報や新聞に少なくとも1回掲載することによって行なわれます。公示送達の場合、掲示後2週間が経過すれば、解雇の意思表示が行方不明の従業員に伝わったとみなされます。

退職の種類

辞職（自己都合退職）：従業員からの一方的な意思表示
合意退職：労使双方の合意がある自己都合退職
当然退職：あらかじめ就業規則や雇用契約などで定められた事由による退職

> 就業規則に定めることで、当然退職とすることが可能になる

📝 就業規則規定例

従業員が行方不明となり、30日以上連絡が取れない場合は退職とする。

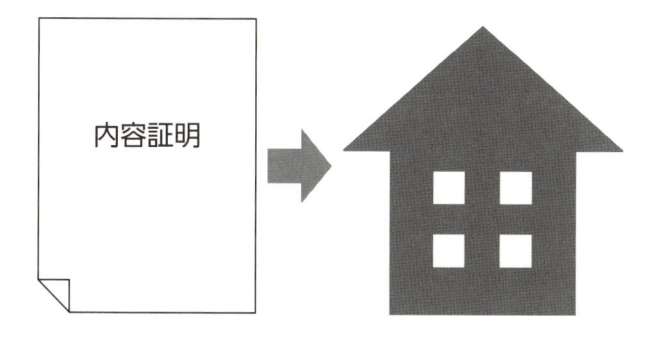

内容証明 → 🏠

> ❗ 退職の意思表示は、必ずしも明示に限られず、黙示でも可能と解されます

27 いじめやパワハラが労災認定の原因となりますか？

Q いじめやパワハラを原因とする精神疾患で労災認定されるケースが、最近、増えているそうですが、基準はありますか？

A 厚労省では、平成23年12月に心理的負荷による精神障害の労災認定の新基準を公表しました。精神障害の労災は「心理的負荷評価表」に基づき審査します。

→110ページ参照

　精神障害の労災請求件数が大幅に増加し、労災認定されるケースも増えてきています。職場の人間関係や仕事の負担が原因で、うつやメンタルヘルス不調になった場合には、会社に対し、労務管理や実働時間管理、仕事量や責任度に対する分担などが適切であったか、また、その指導や教育が行なわれていたかなど、安全配慮義務が問われることがあります。**パワーハラスメントの定義**が公表され、いじめやパワーハラスメントに対する会社の留意点や、防止対策が求められ、具体的に職場での教育や対応が必要となってきました。

　予防策として、①トップのメッセージとして防止を呼びかける、②ルールを決め、職場全体で防止を心がける、などがあります。

　心理的負荷による精神障害の労災認定については、「心理的負荷による精神障害等に係る業務上外の判断指針」に基づいて、業務上であるかないかの判断を行なっています。**精神障害の労災認定基準が新たに定められました。**

【認定基準のポイント】

①わかりやすい心理的負荷評価表（ストレスの強度の評価表）が定められました

②いじめやセクシャルハラスメントのように、出来事が繰り返されるものについては、その開始時からのすべての行為を対象として心理的負荷を評価することにしました

③これまですべての事案について必要としていた精神科医の合議による判定を、判断が難しい事案のみに限定しました

職場における心理的負荷評価表

#	出来事の類型	具体的出来事	I	II	III
1	①事故や災害の体験	（重度の）病気やケガをした			☆
2		悲惨な事故や災害の体験、目撃をした		☆	
3	②仕事の失敗、過重な責任の発生等	業務に関連し、重大な人身事故、重大事故を起こした			☆
4		会社の経営に影響するなどの重大な仕事上のミスをした			☆
5		会社で起きた事故、事件について、責任を問われた		☆	
6		自分の関係する仕事で多額の損失等が生じた		☆	
7		業務に関連し、違法行為を強要された		☆	
8		達成困難なノルマが課された		☆	
9		ノルマが達成できなかった		☆	
10		新規事業の担当になった、会社の建て直しの担当になった		☆	
11		顧客や取引先から無理な注文を受けた		☆	
12		顧客や取引先からクレームを受けた		☆	
13		大きな説明会や公式の場での発表を強いられた	☆		
14		上司が不在になることにより、その代行を任された	☆		
15	③仕事の量・質	仕事内容・仕事量の（大きな）変化を生じさせる出来事があった		☆	
16		1か月に80時間以上の時間外労働を行った		☆	
17		2週間以上にわたって連続勤務を行った		☆	
18		勤務形態に変化があった	☆		
19		仕事のペース、活動の変化があった	☆		
20	④役割・地位の変化等	退職を強要された			☆
21		配置転換があった		☆	
22		転勤をした		☆	
23		複数名で担当していた業務を1人で担当するようになった		☆	
24		非正規社員であるとの理由等により、仕事上の差別、不利益取扱いを受けた		☆	
25		自分の昇格・昇進があった	☆		
26		部下が減った	☆		
27		早期退職制度の対象となった	☆		
28		非正規社員である自分の契約満了が迫った	☆		
29	⑤対人関係	（ひどい）嫌がらせ、いじめ、又は暴行を受けた			☆
30		上司とのトラブルがあった		☆	
31		同僚とのトラブルがあった		☆	
32		部下とのトラブルがあった		☆	
33		理解してくれていた人の異動があった	☆		
34		上司が替わった	☆		
35		同僚等の昇進・昇格があり、昇進で先を越された	☆		
36	⑥セクシュアルハラスメント	セクシュアルハラスメントを受けた		☆	

「職場における心理的負荷評価表」（厚生労働省）を元に作成

28 厳しい従業員教育・指導！ パワハラになりますか？

Q きつい言葉で指導すると、すぐパワハラだという部下がいて困っています。どんなことがパワハラにあたるのでしょうか？

A パワハラとは、法的な定義はないものの、「職場において地位を利用して、相手の人格や尊厳を侵害し、就業環境を悪化させること」を言います。

過剰なノルマや上司の嫌がらせなど、仕事上のストレスが原因でうつ病などになり、労災を申請する人は年々増加し、労災と認定される人も増加しています。厚生労働省は、職場のメンタルヘルス対策をすすめています。さらに、従業員が希望すれば専門の医師の診察を受けさせるほか、医師の助言を受けた上で勤務時間の短縮や部署を変えるなどの改善策を取ることも求められています。

では、どこからどこまでがパワハラにあたるのでしょうか。

暴力行為など刑法に触れるものや、サービス残業の強要、不当解雇などの労働法上の問題があるもの、人権を侵害する言動の場合は、たとえ1回だけであっても、パワハラになると考えられます。

そこまでには至らないグレーゾーンとしては、職場内で無視をする、仲間はずれにする、行き過ぎた指導などが挙げられます。このような行為の場合は、継続性が問題となり、回数を重ねることでパワハラになってしまいます。逆に、危険を回避するために大きな声で怒鳴ったり、力ずくで行動させることは、パワハラに該当しません。

また、就業規則や服務規定に基づいて処罰を示唆することは、客観的に見て正当な指示、命令であり、すべての従業員に課された義務ですので、パワハラには該当しません。

以上のことを参考にし、個別に判断していきましょう。

パワハラの定義

平成24年1月、厚生労働省は、職場におけるパワーハラスメントの定義をはじめて公表しました。これは、平成23年12月に『メンタルヘルス不調による精神障害の労災認定基準』が新しく定められたのに続き、パワーハラスメントを明文化し、その防止に努めるよう呼びかけたものです。

『職場のパワーハラスメントとは、同じ職場で働く者に対して、職務上の地位や人間関係などの職場内の優位性を背景に、業務の適正な範囲を超えて、精神的・身体的苦痛を与える又は職場環境を悪化させる行為』。

なお、優位性とは、職場における役職の上下関係のことではなく、当人の作業環境における立場や能力のことを指すものです。

たとえば、部下が上司に対して客観的になんらかの優れた能力があり、これを故意に利用した場合であれば、たとえ部下であっても上司に対するパワーハラスメント行為として認められるようになるとともに、同僚が同僚に対して行ないういじめも同じ仕組みとされました。

現在はいろいろなハラスメント用語が飛びかっています。アカデミックハラスメント(教授などが学生や教職員に対して)・ドクターハラスメント(医師が患者に)等、これらはモラルハラスメントと言って言葉や態度などによって心を傷つける精神的暴力であり、セクハラ・パワハラ・アカハラ・ドクハラ等はモラハラの一種といえます。また、アルコールハラスメント(飲酒の強要)やスモークハラスメント(受動喫煙を強いる行為)といった言葉もあります。

Q&A編

29 セクハラをされたと苦情がきました。どこからがセクハラになるのでしょうか？

Q 毎日、女性の部下を飲みに誘う部長がいます。当の上司はコミュニケーションだと言って気にしていませんが、これはセクハラにならないのですか？

A 直接的な性的言動はもちろんのこと、間接的なものであっても、本人が"嫌な気持ち"になったら、それはセクハラとなり得ます。

　セクハラの定義は「相手方の意に反した不快な性的言動や経験、それに対する反応によって仕事をする上で一定の不利益を与えられたり、それを繰り返すことによって就業環境を著しく悪化させること」となっています。

　「嫌だったけど言い出せなかった」「ずっと我慢し続けてきた」という申し出も珍しいものではありません。「いつも言っているから気にしていると思っていなかった」という上司の理解と、本人の気持ちに隔たりがあるのです。

　上司と部下の不倫が破たんした、上司から執拗に食事に誘われて困っているなど、恋愛関係、男女関係のトラブルが職場内でセクハラに発展し、問題になることがあります。仕事とは直接関係のないことだからと、見て見ぬふりをしたいところかもしれませんが、そうはいきません。

　ある従業員が「職場でセクハラを受けた」と訴えてきた場合、その時点で会社の問題となるのです。

　というのも、働きやすい職場の環境をつくり、守るのは会社の責任だからです。会社には、「**環境配慮義務**」があります。そこには当然、性的な言動で従業員の働く環境が壊されないように守る義務も含まれているのです。

　セクハラの防止は、企業規模にかかわらず、すべての会社に課された義務と言えるでしょう。

> 駅前におしゃれなお店できたらしいよ。明日の打合せを兼ねて、今晩どう?

> ハッ、ハイ……

業務上の地位を利用して同席を強要していませんか?
セクハラに関しては、加害者に自覚がないことが問題です。
自分が加害者であることは
第三者からの忠告によって知ることがほとんどでしょう。
セクハラ窓口を設置する等、社内に相談できる環境をつくりましょう。

環境型セクハラ

被害者の就業環境が害され、仕事に支障がでること

- 事務所内で上司が身体をたびたび触る
- 同僚が取引先などに、従業員の性的な情報を流す
- 事務所内にヌードポスターを貼る　など

→

- 就業意欲が低下
- 業務に専念できない　など

対価型セクハラ

被害者が直接的に、解雇や降格、減給など不利益を受けること

- 性的な関係を強要したが拒否され、その従業員を**解雇**すること
- 身体を触ったが抵抗され、その従業員に**不利益な配置転換**をすること
- 性的な発言に抗議されたので、その従業員を**降格**すること　など

Q&A編

30 パート社員の雇用期間に上限はありますか？

Q 優秀なパートさんがいます。家庭の事情で1日の勤務時間は短いのですが、できるだけ長く働いてもらいたいと考えています。5年契約にしたいのですが、可能でしょうか。

A 一定の例外を除いて、雇用契約期間の最大は3年です。もちろん更新は可能です。

→40ページ参照

　雇用形態は、大きく「期間の定めのない者」（終身雇用制によるいわゆる正社員）、「期間の定めのある者」（いわゆる非正規社員）に分けることができます。

　期間の定めのある者の雇用期間は、平成16年1月から「**最大3年を超えてはならない**」と定められています（それまでは1年）。ただしこれには例外があり、右に該当する場合は5年が上限となります（労基法14条）。

　契約期間がある場合、「その期間の雇用を守ること」が大原則です。もし、契約期間の途中で辞めてもらうことになったなら、それは雇止めではなく、解雇になります。2年契約をしたら、2年は雇用する義務が生じることを念頭においてください（労働契約法第17条参照）。

　雇用契約期間を定めた場合、期間が満了すれば契約は終了するのが原則で、終了させるための合理的な理由は不要です。ところが、「有期雇用契約の従業員を、期間満了で更新しない」ことが認められない可能性もあります。「雇用期間の契約更新をしてもらえるかもしれない」という「**更新期待権**」が従業員に発生しているとみなされた場合、雇用関係の終了が認められない、すなわち、雇用契約満了による雇止めが解雇権の濫用と判断されることがあるのです。

　そのため、雇用契約期間を定める場合には、期間満了時に契約更新するのか否か、また、その条件などについて、事前に定めておくことが大切です。

雇用期間の上限が5年となるケース

1 厚生労働大臣が定める基準に該当する専門的知識等を有する者との契約
① 博士の学位を有する者
② 公認会計士、医師、歯科医師、獣医師、弁護士、一級建築士、税理士、薬剤師、社会保険労務士、不動産鑑定士、技術士又は弁理士のいずれかの資格を有する者
③ システムアナリスト試験又はアクチュアリー試験に合格している者
④ 特許法に規定する特許発明の発明者、意匠法に規定する登録意匠を創作した者又は種苗法に規定する登録種苗を育成した者
⑤ 大学卒で実務経験5年以上、短大・高専卒で実務経験6年以上、高卒で実務経験7年以上の農林水産業の技術者、鉱工業の技術者、機械・電気技術者、システムエンジニア又はデザイナーで、年収が1,075万円以上の者
⑥ システムエンジニアとしての実務経験5年以上を有するシステムコンサルタントで、年収が1,075万円以上の者
⑦ 国等によりその有する知識等が優れたものであると認定され、上記①～⑥までに掲げる者に準ずる者として厚生労働省労働基準局長が認める者

2 満60歳以上の者との間に締結される労働契約

31 更新を重ねたパート従業員の雇止めはできますか？

Q パート従業員を、次の更新をせずに雇止めにしたいのですが、この場合も解雇になるのですか？

A 更新を繰り返しているパート従業員に対しては解雇に準じた取扱いが必要となります。しかし、雇止めの場合は、労基法に規定する解雇予告手当の支払い義務は発生しません。

→138ページ参照

　常用的な臨時労働者の雇止めに対する判断に、東芝柳町工場事件判決（最一小判昭49.7.22民集28-5-927）があります。

　この判決は、「期間が定められていても、特別の事情がない限り反復更新され、実質上期間の定めのない契約と異ならず、仕事の内容も正規労働者と大差ないような常用的臨時労働者」の場合は、更新拒否（雇止め）を行なう際に正規労働者に適用されている「解雇権濫用法理」を当てはめて考えます（労働契約法16条）。その上で、「余剰人員の発生等、従来の取扱い（反復更新）を変更してもやむを得ない特別な事情」がなければ更新拒否（雇止め）できないとしました。

　雇止めが正当かどうかを判断する基準は、**「雇用の臨時性・常用性」「更新の回数」「雇用の通算期間」「契約期間管理の状況」「当事者に継続雇用の期待があるかどうか」**、期待がある場合には**「その期待が社会通念からみて合理的かどうか」**で決まります。

　また、雇止めの理由も明示しなければなりませんが、「前回の契約更新時に、本契約を更新しないことが合意されていた」「契約締結当初から、更新回数の上限を設けており、本契約は当該上限に係るものである」「担当していた業務が終了した」「事業縮小のため」「業務を遂行する能力が十分ではないと認められるため」「職務命令に対する違反行為を行なったこと、無断欠勤をしたこと等勤務不良のため」などの理由が挙げられます。

有期労働契約の締結及び更新・雇止めに関する基準

「更新の有無」を明示

- 自動的に更新する
- 更新する場合があり得る
- 契約の更新はしない　など

「判断の基準」を明示

- 契約期間満了時の業務量により判断する
- 労働者の勤務成績、態度により判断する
- 労働者の能力により判断する
- 会社の経営状況により判断する
- 従事している業務の進捗状況により判断する　など

雇止めの予告
以下の場合、契約の期間が満了する日の
30日前までに予告が必要

↓

＊3回以上更新
＊1年以下の契約期間が反復更新され通算1年超
＊1年超の契約期間

32 育児休業前後の勤務場所は異なってもいいですか？

Q 育休の取得中の従業員がいます。休業前業務は代替要員に行なわせていますので、復帰後は配置転換する予定です。問題ありますか？

A 育児休業の取得を理由とする解雇や不利益な取扱いは禁止されていますが、業務の都合上、必要な配置転換は可能です。従業員の理解が得られるよう、十分な説明を行ないましょう。

→124ページ参照

「育休終了後は原則として、原職または原職相当に復帰する」と就業規則で定められている場合であって、育児や保育の都合上、配置転換が必要なときには、会社に裁量権が認められています。復職可能な原職相当の職種に復帰することを決めることができます。法律で原職での復帰が義務づけられているわけではありません。しかしながら、できるだけ復職しやすい労働環境に配慮することが求められます。

もし、復帰に際して、違う部署への配置転換や、職種変更をする場合には、職場復帰後の労働条件が不利益に低下することがないよう検討する必要があります。また、配置転換によって勤務地が変更となり、通勤時間が増えてしまうような場合でも、1時間程度であれば許容範囲内であり、著しい不利益変更とまでは言えません。

育児・介護休業法では、育児休業取得後における職場復帰が円滑に行なわれるようにするため、労働条件、職場環境、雇用管理等に関し、必要な措置を講ずるように努力義務を課しています。また、指針においては、**原則として原職または原職相当職に復帰させることに配慮すること**が示されています。

育児休業からの復帰は従業員の職場と生活環境を大きく変えるものなので、十分な配慮をするようにしましょう。

✅ チェック

▶不利益な取扱いをしていませんか？

☐ 解雇すること

☐ 契約の更新をしないこと

☐ 更新回数の上限を引き下げること

☐ 退職を強要すること

☐ 正社員を非正規社員とするような契約変更を強要すること
　※労働者の表面上の同意を得ていたとしても、労働者の真意に基づくものではないと認められる場合にはこれに該当します。

☐ 自宅待機を命じること

☐ 労働者の意に反して、所定外労働等の制限をすること

☐ 労働者の意に反して、所定労働時間の短縮等を適用すること

☐ 降格させること

☐ 減給または、賞与等において不利益な算定をすること

☐ 人事考課において不利益な評価を行なうこと

☐ 不利益な配置の変更を行なうこと
　※産前産後休業からの復帰にあたって原職又は原職相当職に就けないことを含む

☐ 就業環境を害すること

　　　　　　　　　　　　　　　　　　　　　　　　　　など

**妊娠・出産・産前産後休業及び育児休業の取得等を理由とする
解雇その他不利益取扱い事案への対策**

①労働者からの相談への丁寧な対応
②法違反の疑いのある事案についての迅速かつ厳正な対応
③法違反を未然に防止するための周知徹底
　相談窓口の周知徹底　等

33 妊娠に伴う退職の勧奨！ 不利益の扱いになりますか？

Q ある女性従業員が、産休を請求してきました。前例もありませんし、うちでは子育てをしながら働くのは無理だと思います。断れないのでしょうか？

A 労基法では産休中とその後30日間は、解雇制限期間とされています。また、子育て中の従業員は、均等法によってさらに広い範囲で保護されていますので、退職勧奨や不利益な扱いをすることは認められません。

→168ページ参照

　女性従業員の妊娠・出産・哺育は、さまざまな法律で保護されています。まず、労働基準法から確認してみましょう。**労基法**には、第19条に「**解雇制限**」というものがあり、妊娠・出産に関しては「使用者は、産前産後の休暇中とその後30日間は、どんな理由があっても解雇できない」と規定されています。

　そして、労基法よりさらに広い範囲で保護されているのが**男女雇用機会均等法**です。均等法では、「事業主は、女性従業員が婚姻し、妊娠し、又は出産したことを退職理由として予定する定めをしてはならない」(第9条)、「事業主は、女性従業員が婚姻したことを理由として、解雇してはならない」(第9条2項)、「妊娠又は出産に関する事由であつて厚生労働省令で定めるものを理由として、当該女性労働者に対して解雇その他不利益な取扱いをしてはならない」(第9条3項) と定めています。退職勧奨もその他不利益な取扱いに該当します。

　中小企業を中心に、妊娠・出産を理由とした解雇や退職勧奨のトラブルが増加しており、均等法や育児介護休業法の改正が繰り返されてきました。今後も、この傾向は続くとみられますので、ワークライフバランスの推進に合わせ、女性労働者の雇用継続ができる職場環境づくりは必至となるでしょう。育児休業制度の導入等、早めに対応を進めましょう。

> 会社の業績が悪くてねぇ 申し訳ないが来月いっぱいで辞めてもらうよ。

社 長 / **妊娠中の女性従業員**

↓

妊娠中の女性従業員及び、出産後1年を経過しない女性従業員に対して解雇をする場合は、事業主が、妊娠や出産が理由でないことを証明できないと……

解雇無効！

男女雇用機会均等法
第9条4項：妊娠中の女性労働者及び出産後1年を経過しない女性労働者に対してなされた解雇は、無効とする。ただし、事業主が当該解雇が前項に規定する事由を理由とする解雇でないことを証明したときは、この限りでない。

Q&A編

34 退職後、在社期間の賞与を支払わなければならないでしょうか？

Q 退職した社員から賞与支払いの請求をされました。請求通り支払わなければなりませんか？

A 就業規則に「支給日に在籍している社員に支給する」旨の決まりがあれば支払う必要はありません。

→60ページ参照

　賞与は退職金と同じく「必ず支払われなければならない賃金」ではありません。ただし、就業規則で支払うと決めているにもかかわらず支払わないのであれば、労働基準法第24条に違反します。

　賞与の支給要件は、団体交渉などによる労使間の合意、もしくは会社の決定によって自由に決めることができます。「会社の業績によってはこれを減額、もしくは支払わないことがある」と決めるのも有効です。

　ある期間在籍していた従業員に対して賞与を支給することが就業規則に決められているなら、対象期間中に在籍さえしていれば、退職した後であっても賞与を支払わなければなりません。

　ところで賞与とは、「対象期間中の賃金に対応する賃金」です。その中には功労的な意味だけでなく、「将来への働く意欲を向上させる」という意味も含まれています。退職した従業員に「将来」は望めませんので、会社としては退職者に賞与を支払うのは抵抗があるかもしれません。

　そのような場合は、**就業規則に「支給日または一定の基準日に在籍する者に支払う」と規定**します。そうすれば、対象期間に在籍していた社員に賞与を支払わなくても違法にはなりません。

　ただし、整理解雇のように社員の意思に関わりなく会社が一方的に解雇の日を決めてしまう場合、支給日等に在職しないことを理由に賞与を支払わないのは問題がありますが、支給するかどうかは資金繰りにもよるところであり、できるだけ支給する努力が求められます。

就業規則規定例

1. 賞与は会社の業績により原則年2回7月及び12月とする。
2. 賞与の支払い対象期間は下記の通りとする。
   夏季　前年11月より当年4月
   冬季　当年5月より当年10月
3. 賞与は支払い対象期間にすべて在籍しかつ支給日に在籍する社員に支給する。

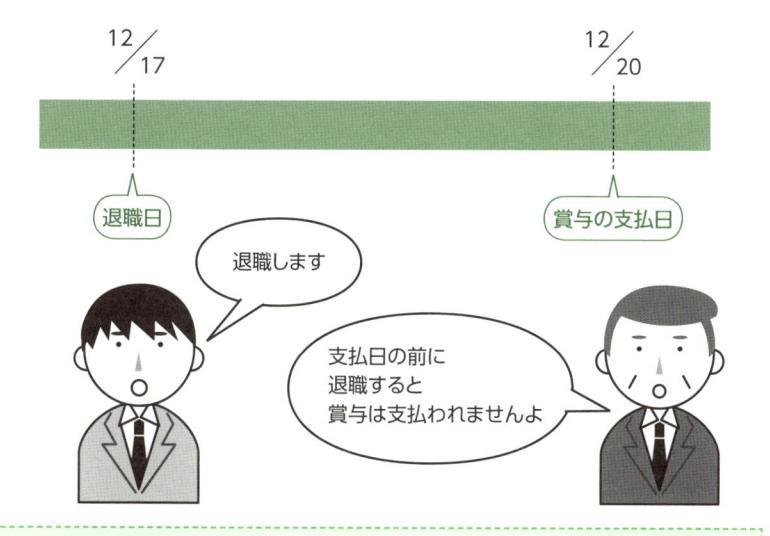

12/17　退職日

12/20　賞与の支払日

退職します

支払日の前に退職すると賞与は支払われませんよ

支給日在籍要件を就業規則に規定しておけば、退職した社員からの賞与支払い請求を拒むことができます。
支給日在籍要件が規定されている場合に、退職者と非退職者で支給額に差をつけることは可能でしょうか?
判例では、年内の退職者と非退職者について、「将来への活躍を期待する」という観点から支給額に差をつけることは違法ではないとしています。
ただし、2割以上の差をつけることは、公序良俗に反するとしたものがあります(ベネッセコーポレーション事件　平成8.6)。

Q&A 編

35 顧客名簿を手みやげに転職！懲戒処分できますか？

Q 一身上の都合で退職する予定の社員が、同業他社に転職するようです。その社員が顧客名簿を持ち出したことが判明したのですが、懲戒解雇できますか。

A 秘密保持義務は、就業規則に規定がなくても労働契約に付随するものとして信義則上認められていることから、懲戒解雇も可能ですが、事実を確実に把握することが重要です。

→148ページ参照

　従業員は労働契約の存続中、その付随義務として、**使用者の営業上の秘密を保持すべき義務**を負っています。

　では、営業上の秘密とはどういうことをいうのでしょうか。不正競争防止法（第2条6項）は「秘密として管理されている」「役に立つ技術または営業上の情報である」「公然と知られていないこと」と規定しています。就業規則に秘密にする情報の内容を、たとえば「関係取引先や顧客に関する情報を営業秘密という」と具体的に示すとよいでしょう。

　また、労働契約上での秘密は営業秘密に限らず、より広い範囲の秘密と解されています。従業員の持ち出した顧客名簿が厳密な管理下におかれるなど秘密として管理されていて、会社が損害を被ったのであれば、損害賠償請求の対象となる場合があります。就業規則の懲戒解雇事由の中に、「**秘密保持義務違反**」が列挙されていれば、懲戒解雇とすることができます。

　ところで、会社の幹部が部下を引き連れ同業他社に転職した場合はどうでしょうか？　本来、従業員には、退職の自由、職業選択の自由があります。たとえ競争会社による引き抜きでも自由競争の範囲内です。ただし、引き抜きを行なったのが幹部社員であれば、話は違ってきます。その地位を利用して引き抜きを行なうということなので、この幹部が会社の取締役であったのなら会社法上の「忠実義務」に違反し、損害賠償を請求できます。

会社法は第355条で、「取締役は法令及び定款並びに株主総会の決議を遵守し、株式会社のため忠実にその職務を行わなければならない」と規定していて、この義務を「忠実義務」といいます。

36 ライバル会社に転職！ 退職金を全額カットできますか？

Q 隣町のライバル会社に従業員が転職することになりました。その従業員に退職金を支払わなければならないでしょうか？

A 就業規則に「競合他社へ転職をした場合、退職金の一部を支給しない」旨の規定があったとしても、競業禁止義務に違反したことだけをもって退職金を不支給とすることはできないという見解が一般的です。

→148ページ参照

　退職した従業員が、独立開業したり同業他社に転職するのは、原則自由です。職業選択の自由が憲法で保障されているので、競合他社への転職も差し支えないと考えるのが一般的です。在職中に培ったノウハウを独立開業や転職先での武器とする行為は、基本的に自由に行なえます。

　ただし、**あらかじめ競業禁止の特約があり、その特約が合理的と認められるとき**には、競業禁止も有効とされ、退職金の支給を制限する場合もあります。

　この「合理性」の判断基準は

　①あらかじめ競業禁止の合意が正当な手続きを経て成立しており、勤務の前提であったこと、②労働者が企業秘密に直接関わり、競業禁止以外の方法では企業利益の保護が困難であること、③事業の性質や職務内容などにより、競業を禁止する期間・地域・職種などの範囲が必要かつ相当であること④競業禁止により受ける不利益に対して、相当な代償措置が取られていることと示しています（東京リーガルマインド事件・東京貨物社事件など）。

　つまり、退職金を不支給にできるのは、競業避止義務違反だけをもってしても、退職金を失わせるだけの、大きな損害を会社に与えた場合にだけ限られます。たとえば、退職直前に顧客のデータを競合他社に移動するなど、懲戒解雇事由にも相当する、重大な背信行為があった場合を指します。

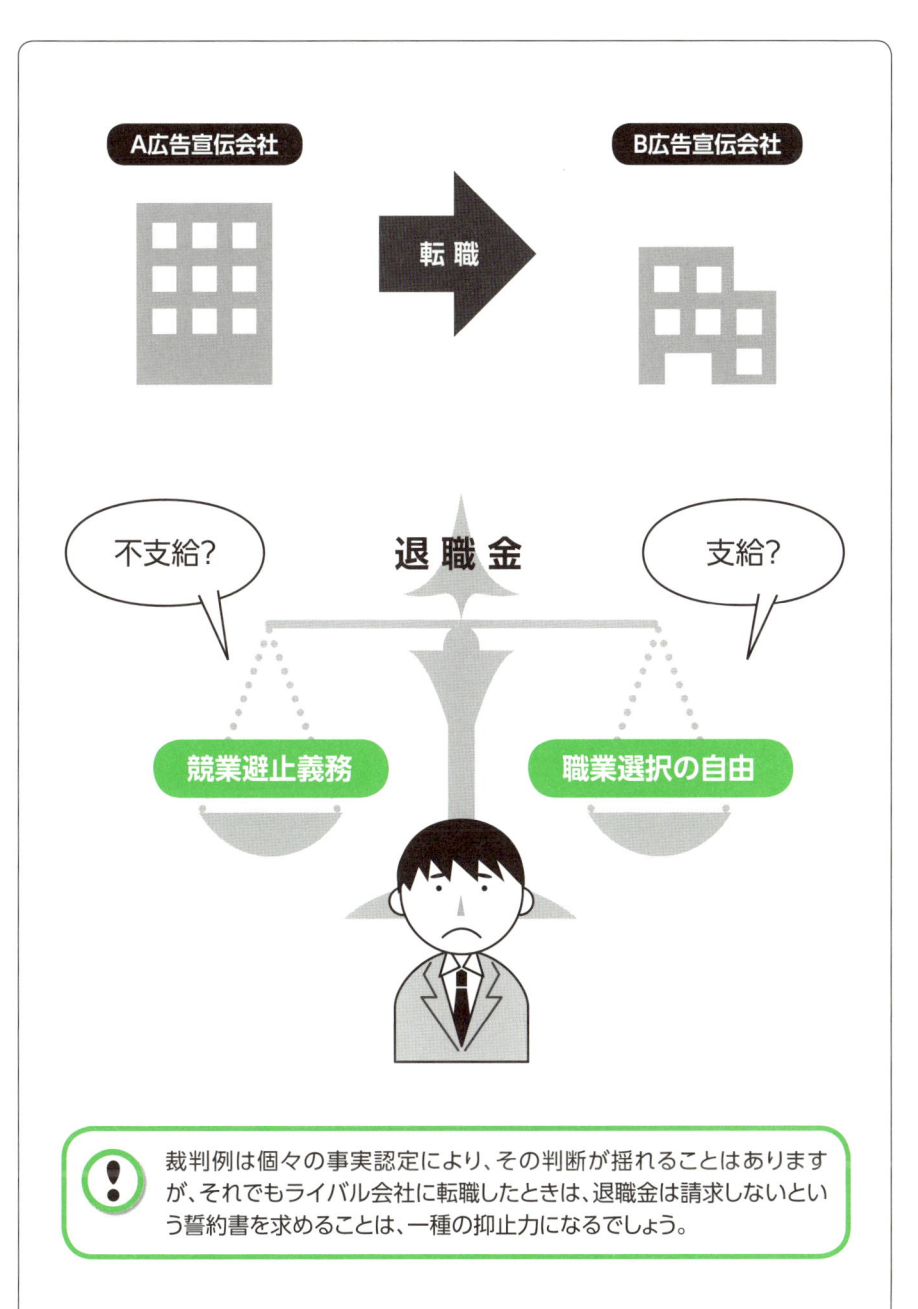

A広告宣伝会社 → 転職 → B広告宣伝会社

退職金

不支給？　競業避止義務

支給？　職業選択の自由

> 裁判例は個々の事実認定により、その判断が揺れることはありますが、それでもライバル会社に転職したときは、退職金は請求しないという誓約書を求めることは、一種の抑止力になるでしょう。

37 社費で資格取得後すぐに退職！費用を請求できますか？

Q 病院の費用で准看護師の資格を取った社員が、卒業後2年以上勤務する旨の誓約に反して退職しました。費用の返還を請求できますか？

A 一定期間社員の退職を抑制し、労働者の意に反した就業をさせるということになりかねないため、資格取得費用の返還請求は認められません。

過去のケースをみてみましょう。

「病院が看護学生として採用し看護学校在学中の2年間の費用と生活費を支給し看護学校卒業後2年間以上は当病院で就労する旨の誓約をしたところ1年で中途退職し病院側が支給の一部の返還を求めた事例で、この誓約は病院と労働者の間に法的拘束力を伴わないいわゆる紳士協定にすぎず、費用の返還を求めることはできない」（武谷病院事件 東京地判 平7.12.26）

つまり、2年間勤務するという約束は紳士協定にすぎず法的拘束力がないので、2年間労働させる義務がない以上、費用を返還させることはできないと判断されました。では、修学費用を貸与した場合はどうでしょうか？

「修学終了後2年以内に退職した場合は、費用を全額返還すること」といった定めは労働基準法第16条に違反し、無効となります。しかし修学費用を貸与した際、「一定の期間就労した場合は貸与した金額は免除するが、そうでない場合に一括返済しなければならない」といった定めであれば、労基法第16条には違反しません。この貸与契約は労働契約と別個の金銭消費貸借契約です。

自主的で自由な意思による研修への参加であり、授業料等の返還に関する合理的で明確な規定があれば、返還を求めることができますが、会社がその業務に関して技能者の養成の一環として会社の費用で修学させ、その後社員に自分のところで一定の期間、勤務することを約束させるという意味合いのものであれば、やはり労基法第16条に違反します。

2年以内に退職したら費用を返す約束の場合

やっぱり辞めさせてもらいます

費用を返して欲しいのに…

2年働いたら費用を返さなくてよい約束の場合（金銭消費貸借）

やっぱり辞めさせてもらいます

✅ **チェック**

▶損害賠償予定の禁止（労基法16条）に抵触しないか？

☐ その費用の計算が合理的な実費であること

☐ その金員が立替金と解されるものであること

☐ その金員の返済により、いつでも退職が可能であること

☐ 返済による約定が不当に雇用関係の継続を強制するものでないこと

38 タイムカードを不正に打刻！ 関係者を処分できますか？

Q 遅刻しそうなとき、同僚にタイムカードを押してもらっているようです。このような従業員を懲戒することができるでしょうか？

A まずは軽い懲戒から課すことが可能です。再三注意してもなお不正を行なうようであれば解雇もやむを得ません。

　実際の労働時間は「労働者が使用者の指揮命令下に置かれている時間」をいい、労働基準法上は「タイムカードの時間＝労働時間」ということではありませんが、タイムレコーダーで労働時間を推定できるとされています。

　従業員が不正にタイムカードを打刻すれば、出退勤の管理が正確にできないばかりか、**不正に賃金を請求することになりますので**、会社としてはタイムカードを不正に打刻した者に懲戒処分を課すことができます。

　「会社が『出社せずして記録を同僚に依頼するような不正があった場合は依頼した者、依頼された者共に解雇する』との告示を掲示しその旨を全従業員に周知を徹底させていたこと、この従業員は上記の警告を知っていたにもかかわらず無視し不正打刻に及んだものでこの懲戒解雇は解雇権の濫用で無効とすることはできない」（八戸鋼業事件 昭42.3.2 最一小判）。

　過去のケースでは、このように判断されました。

　タイムカードを不正に打刻しただけで双方解雇というのは一見重すぎる処分のように感じるかもしれませんが、タイムカードをもとに通常の賃金や割増賃金等の算出をしているのであれば、**給料の不正取得をはかったとも考えられますので、解雇も妥当な処分**であるということです。

　しかしながら、いきなり解雇に及ぶのではなく従業員の社会経験等を踏まえて、まずは減給などの軽い処分をした上で、それでも不正に打刻するようであれば、解雇もやむを得ないということになります。

```
┌─────────────────────────────┐
│  同僚にタイムカードの打刻を依頼  │
│     ※給料の不正受給になり得る     │
└─────────────────────────────┘
              ▼
┌─────────────────────────────┐
│         減給等の処分          │
│          ※軽い処分           │
└─────────────────────────────┘
              ▼
┌─────────────────────────────┐
│           解　雇             │
│   ※注意しても不正行為をやめない場合   │
└─────────────────────────────┘
```

📝 **就業規則規定例**

出社せずにタイムカードの記録を同僚に依頼するような場合には、懲戒とすることができる

❗ まずは軽い処分をし、それでも不正打刻するのであれば、解雇もやむを得ません。

39 仕事中の私的メールをすべて禁止して問題ないですか？

Q 就業時間中にインターネットで旅行先を検討し、メールで宿泊先の予約をしている従業員がいます。私的なインターネットの閲覧やメールの使用を制限するにはどうすればよいでしょうか？

A 就業規則に私的利用を禁ずる規定を置き、懲戒事由のひとつに挙げましょう。規定があれば私的利用の抑制につながります。

→160ページ参照

業務用のコンピュータは会社が業務の遂行のために従業員に貸与している備品なので、その利用方法は会社が決めることができます。ですから、私的利用を制限することはもちろん可能です。従業員には**職務専念義務**（就業時間中は職務のみに従事し、他の活動は行なわないこと）があるので、就業時間中に私的利用でインターネットを閲覧することは**職務専念義務違反**となります。

携帯電話やパソコンが個人の所有物であっても、それを就業時間中に私的に利用する場合には、やはり職務専念義務違反に問われます。とはいえ、すべての私的利用が職務専念義務違反に問われるわけでなく、その頻度や勤務時間中にどれだけ私的な時間を費やしたかによって、違反かどうかが判断されます。就業規則に私用メール等を禁じる規定がなければ、職務専念義務違反にはあたらないとされる一因となりますので、就業規則に明記しておくことが必要です。

従業員のパソコンをモニタリングすることは、職務上の合理性がない場合には、権利の濫用となるおそれもあるので注意が必要です。従業員モニタリングをしている会社はさほど多くはありませんが、「ツイッターやブログを利用して会社を誹謗中傷しているようだ」「背信性がみられる」といった場合にモニタリングが実施できるよう、就業規則に規定しておくことが、会社のリスク対策としては重要なルールといえます。

就業規則規定例

社員は会社のパソコンを業務の遂行に必要な範囲で使用することとし業務以外の目的でインターネット、電子メール等を利用してはならない。
会社が必要と認めるときは安全管理措置の一環として従業員を対象とするモニタリングを実施することができる。この場合会社は、労働組合等に通知し、必要に応じ協議するとともに従業員に周知するよう努めなければならない。

就業時間中の職務専念義務

⬇

私用メールの頻度をチェック

⬇

モニタリングの必要性を検討

> 就業規則に業務以外の目的でのインターネット・電子メールの利用禁止規定を設けましょう

40 会社の備品を持ち帰る従業員を解雇できますか？

Q 会社の備品の補充を担当しています。最近備品の減りが早いので、しばらく観察してみたら、会社の備品を自宅へ持ち帰っている社員がいました。業務上横領で解雇できますか？

A 少額の備品の横領に関しては、よほど悪質でない限り解雇は難しいでしょう。しかし始末書、減給等の懲戒処分とすることもあります。

→156ページ参照

　コピー用紙、ボールペン、ホチキス、電卓等、備品や消耗品を持ち帰る従業員がいることがあります。備品や消耗品を購入したのは会社であり、所有権は会社にあります。そのため、**服務規律違反**となるような程度の場合は注意、始末書をとるなどの懲戒処分が適切です。

　多くの会社が「ムダなコピーをしない」などコストカットに取り組む中、会社のさまざまな備品、また業務で使用する消耗品や道具などを管理するということも、重要なことです。金額的には些細なものでも、モラル違反であり、許可なく持ち出せば窃盗罪となります。また、就業規則には「許可なく会社のものを持ち出さないこと」という規定があると思います。そのような場合は、懲戒処分となることがあります。

　備品管理に関しては、始末書で反省を促し、さらに備品の在庫表などを作って、勝手に持ち出しできないような管理体制を徹底しましょう。部下の備品の私的利用を見て見ぬふりをするのは「**管理監督義務違反**」となりますので、注意が必要です。

　金品の着服・横領・窃盗であれば、懲戒解雇となる場合が多いのですが、会社の「備品」で、金額的には少額の物の場合、問題の本質は金額の多寡ではなく「**行為そのものに就業規則違反や、違法性があるかどうか**」にあります。たった1回の行為でも、悪質性が高ければすぐに労使関係は破たんしてしまうでしょう。信用回復に何年も気長に待ってくれる会社などありません。し

> ✅ **チェック**
>
> ▶ **社内で横領があった場合の手順**
>
> **すぐに始末書をとる**
> 明日から欠勤する可能性が高いため
>
> ⬇
>
> **事情聴取（録音）書面の作成**
> 犯行の動機、回数、期間はどのくらいにわたってか、被害の程度、発覚の経緯（自己申告か会社発覚か）、反省の程度（認めているか否か）その使い途等
>
> ⬇
>
> **調査が終了したら処分の検討**
>
> ⬇
>
> **懲戒解雇と退職金の放棄は念書をとる（後のトラブル回避のため）**

かし、行為者が深く反省し、もともと横領の意図がなく、被害弁償をし、使用者も信用失墜とまでは至っていないケースでは、「解雇は重い」とされた判例もあります。

　従業員の不正行為の立証責任は会社側にありますが、どの程度の立証が必要となってくるのでしょうか？　刑事事件と同様の犯罪事実の証明とまではいかないとしても、相当程度の信憑性が必要となってくるでしょう。

Q&A編

41 遅刻常習犯の従業員を解雇できますか？

Q 朝が弱く起きられないという理由でしょっちゅう遅刻してくる従業員がいます。辞めてもらいたいのですが。

A 遅刻のたびに注意し、始末書→軽い懲戒処分（けん責、減給など）の扱いとします。それでも改善の見込みがないなら懲戒解雇もやむを得ないでしょう。

　遅刻の常習犯を放置することで、職場の秩序を壊したり、管理職の指導不足を問われても仕方がありません。他の従業員への影響も考えて、適切に処分すべきでしょう。いきなりの解雇は認められません。対応の順序は次のようになります。
①遅刻をしないよう注意をする、②始末書を提出させる、③減給の制裁処分として賃金カットを行なう

　賃金は、ノーワークノーペイが原則です。働いていない時間に応じた賃金をカットすることができます。また、懲戒処分のひとつとして、「**減給の制裁**」を行なうこともできます。「減給の制裁」は、就業規則に規定しなければなりません。「減給の制裁」をするには制限があり、「１回につき、平均賃金１日分の半額、総額が一賃金支払い期における賃金の総額の10分の１を超えてはならない」と労働基準法で定められています。

　それでも続くようなら、この従業員は改善の見込みがないものとして、④懲戒解雇もやむを得ません。

　注意をするときは、「いつ」「だれが」「どこで」「どのように」注意したか、そしてその従業員はどういう受け答えをしたかを記録に残しておくことが重要です。態度が改まらず懲戒解雇をしたときに従業員が不当解雇だと訴え、争いになる可能性があるからです。**会社は何度も注意をし改善の機会を与えており、解雇が有効であることの証拠にもなります。**

遅刻の頻度が高い

⬇

減給の制裁などの措置 ・1回につき、平均賃金1日分の半額
・総額が一賃金支払期の総額の $\frac{1}{10}$

⬇

遅刻は改善したか？

⬇

懲戒解雇も！

> ❗ このようなことに対処するためにも、就業規則の服務規律をしっかり定めることが求められます。そしてそれを従業員にしっかり周知しましょう。

42 内緒で副業している社員を懲戒解雇できますか?

Q 会社に内緒で週末アルバイトをしている従業員にでくわしました。うちの会社ではアルバイトは禁止となっているはずなので、懲戒解雇となりますか?

A 就業規則に副業禁止規定があれば懲戒解雇もあり得ます。特に同業他社での副業、会社の名誉・信用に傷をつけるような職種での副業は解雇が有効となる可能性があります。

会社が副業を禁止したり、許可制にする理由は以下のようなものです。

①**休養の確保** 他で労働することにより、精神的・肉体的疲労の回復を妨げ、事故の発生や、それに伴う使用者側の損害や補償のリスクが発生します。
　例)深夜に及ぶなど、仕事をするのに支障をきたす程度の長時間の副業をする場合

②**秩序の確保** 社内外の信用を傷つけるような兼業は、企業リスクになります。
　例)風俗関係等、会社の品位を落とすような副業をする場合

③**兼業禁止の観点** 社内情報、企業秘密等、経営上の秘密が漏れるリスクになります。
　例)直接経営に関与していなくても、競業他社の取締役に就任した場合

会社の就業規則に、兼業禁止の規定があり、その副業が、情報漏洩の可能性がある、従業員の健康に支障がでる、企業イメージを低下させるというような副業であると判断され、会社に不利益をもたらしたり、重大な損害を与えた場合は、懲戒解雇となることもあります。

また、1日の労働時間は働く会社が変わったとしても、その人が1日8時間以上の勤務となる場合、8時間を超えて働くほうの企業には割増賃金の支払い義務が発生することがあります。そのため、従業員から兼業の内容を示し、会社の許可を求めることは労働時間の制約上も必要なことです。

ダブルジョブの人の通勤災害と労働時間の計算に関するまとめ

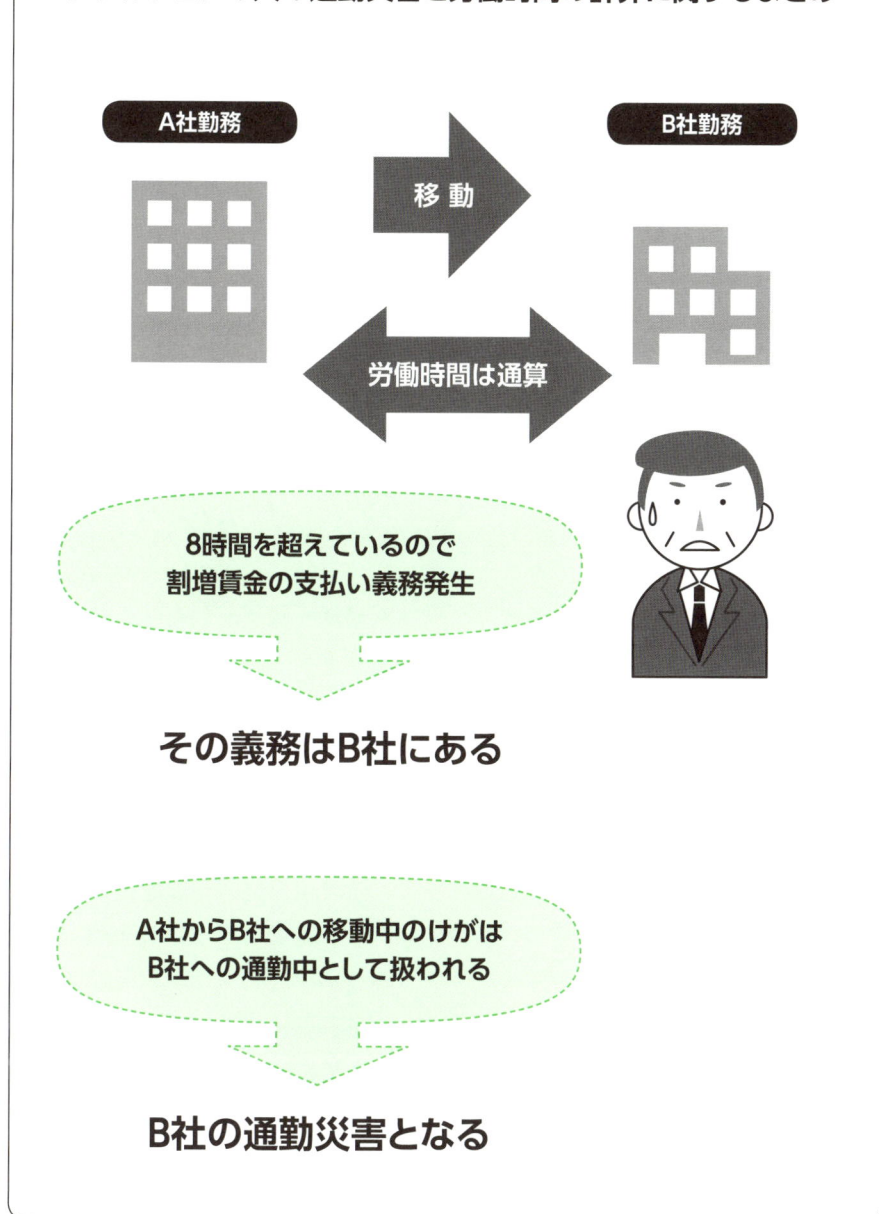

A社勤務 → 移動 → **B社勤務**

労働時間は通算

8時間を超えているので割増賃金の支払い義務発生
↓
その義務はB社にある

A社からB社への移動中のけがはB社への通勤中として扱われる
↓
B社の通勤災害となる

43 営業成績の悪い社員を解雇できますか？

Q 入社5年目、一向に成績が上がらない従業員がいます。営業成績不良を理由に、辞めさせることはできますか？

A まずは社内での教育・訓練や配置転換等、解雇をする前にチャンスを与えましょう。結果を出せないからという理由のみでの解雇は無効となる可能性があります。

→160ページ参照

　就業規則の普通解雇には、解雇理由として「勤務成績または能率が著しく不良で就業に適しないと認められるとき」「労働能率が劣り向上の見込みがない」等と規定されていることが多いでしょう。「勤務成績が著しく不良」とは、あいまいな表現であるため、一体どんな状態をもって不良というのか、それによってどのような支障をきたしているのか、使用者の恣意的判断にゆだねるのではなく、明確で公平、妥当な判断基準でなければなりません。

　営業成績や勤務成績、勤務態度の不良を理由とする解雇については、会社が適切な指導・教育を行なってきたか、また、会社の指導による成果・成績を判断するにあたり、一定期間や時間が経過しているかなども判断の要件となります。教育訓練や本人の能力に見合った配置をするなど、解雇回避の措置を尽くすことが必要です。

　また、就業規則の解雇事由に記載がある場合でも、他の解雇事由と比較考慮し、解雇事由の解釈を、極めて限定的に行なうものとしています。

　長く勤務してきた従業員の場合、
・**今までの実績をすべて否定するほどの重大な損害を会社に与えたかどうか**
・**配置転換や降格等、解雇回避のための措置を積極的にとりいれたかどうか**
　といった観点からの判断も含め、総合的に検討された上で決定すべきことです。

> 何度言ったらわかるんだ!! クビだ！

> そんなこと言われても…。私なりに、がんばっているのですが…。

解雇権の濫用!?

✓ チェック

☐ 適切な教育・指導が行なわれたか？

☐ 判断するに妥当な一定期間が過ぎたか？

> ❗ 配置転換や研修を行なうなど、雇用を守るための努力が必要です。実際に講じた対策については、書面での記録をお勧めします。

44 業務外で飲酒して交通事故！懲戒解雇できますか？

Q 業務外で飲酒運転をして事故を起こした社員に対する解雇は有効ですか？

A 業務外の私生活上の行為であって、原則として企業の懲戒権の及ばないものであっても、社会に与える影響が大きいものは、私生活上の行為でも企業秩序の維持に直接関連を持つと考えられます。

　飲酒運転は、暴行、傷害や窃盗などとは違い、かつては社会的にも寛容だった傾向があります。しかし、最近の相次ぐ飲酒運転の悲惨な事故などから、飲酒運転に対する社会の目が厳しくなり、「許されない犯罪である」という認識が定着してきました。また、企業も、飲酒運転による社員の逮捕は、弁解の余地もなく、**社会的信用を著しく損なう行為**であるという評価が強まりました。

　労働基準法第89条は、就業規則作成義務を負う使用者に対し、解雇事由を「退職に関する事項」の一環として就業規則に記載することを義務づけています。もし、就業規則上、飲酒運転が懲戒解雇と規定されていないのであれば、判例の多くは、懲戒解雇事由については限定列挙としているため、定めた解雇事由以外での解雇は難しいと考えておくべきです。しかしながら、**飲酒運転が社会的な犯罪行為と考え、会社の信用を著しく傷つける行為とする規定などが定められている就業規則であれば、懲戒解雇とすることができます。**

　「飲酒運転と懲戒解雇の裁判例」をもって判断するのでは、妥当な判断と言えないことがあります。今後の企業倫理のあり方を従業員に周知徹底し、休日や業務外であっても、当然のことながら「飲酒運転、酒気帯び運転は、重大な犯罪行為として扱う」という社内基準を持つことが、今後の懲戒解雇の妥当性の判断にも関わってきます。飲酒運転と懲戒解雇の規定は、企業の社会的評価に重大な影響を与える基準となる傾向があります。

運輸関係の制裁マニュアル例

乗車時のアルコール検知

⬇

一度目 始末書または誓約書及び乗務停止
（安全運転の宣言・飲酒運転は懲戒解雇と
なることを承諾する旨を誓約）

⬇

二度目 一定期間乗務停止

⬇

三度目 懲戒解雇

※同乗者や、飲酒を勧めた従業員の責任を問う
ことも検討してみてはいかがでしょうか？

❗ 職場ぐるみで飲酒運転防止に取り組みましょう。

45 退職願を受理後、解雇と主張されたのですが……

Q 自分で退職願を出しておきながら、後になって「あれは解雇だ」と騒ぐ従業員がいます。どう対応すればよいでしょうか？

A 退職について両者の合意があった場合は、解雇を認める必要はありません。ただし、意思表示に錯誤があれば無効となり、強迫による場合は取り消しになります。労働契約の終了が「退職」か「解雇」なのかは明確にしなければなりません。

　期限の定めのない労働契約により仕事をしている場合、従業員は会社に退職の意思を退職願として書面にして伝えます。または、退職願という書面を提出するのではなく、口頭で退職の意思を伝えることも認められています。従業員が退職願を提出し、これに対して会社が承諾することにより、労働契約の解約が双方の合意により成立すると考えられます。

　退職願は、**会社が承諾する前であれば撤回することも可能**ということになります。小さな会社の場合、社長や専務といった人事権を持つ人に対して退職願を提出するため問題はないでしょうが、個々の営業所や支店単位でその長たる者が人事を掌握している場合には、その長たる者が退職願を承諾したときに労働契約の合意解約が成立したといえます。

　一方、従業員が本来自ら退職する意思を有しないにもかかわらず、使用者等によって半ば強制的に退職願を書かされ退職したということがよくあります。このような場合、次の要件を満たすときには無効または取り消しを主張し、退職願の撤回を求めることができます

①強迫により退職願を提出したとき
②退職しなければ解雇されると勘違いをして、退職願を提出したとき
③心神耗弱状態下で退職願を提出したとき
④使用者が、従業員に退職する意思がないことを知っていたとき

辞めます

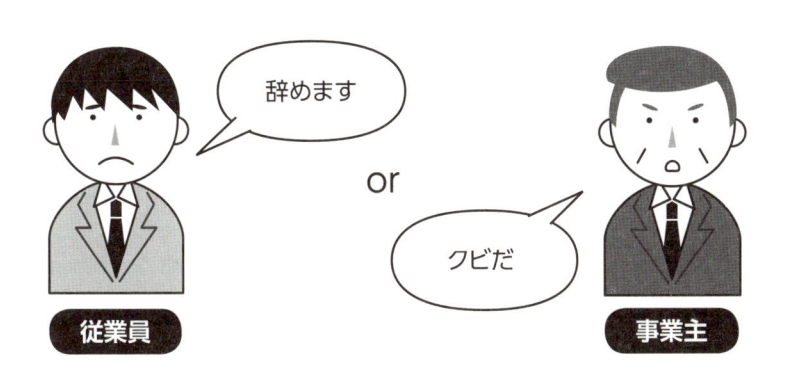

or

クビだ

従業員　事業主

! 従業員からの退職の申出・事業主からの解雇通知は一方的な意思表示で効力が発生すると考えられています。

合意解約の場合は意思の合致が必要

従業員　事業主

! **合意解約の申し入れの撤回**
従業員が合意解約の申し入れ（退職願の提出）をした場合、使用者（事業主）が承諾する前であれば撤回することができます。

46 経営不振を理由に解雇することは不当なのですか？

Q 経営不振のため、営業所をひとつ閉鎖することになりました。やむを得ず社員に解雇を告げましたが、不当だと納得してもらえません。

A 整理解雇をする場合「人員削減の必要性」「解雇回避努力」「被解雇者選定の合理性」「手続きの妥当性」の4つの要件をクリアすることが必要です。

→162ページ参照

　会社の経営状況の悪化などに伴って実施する解雇を、整理解雇といいます。営業所の閉鎖など、事業の縮小に伴う場合、何人もの従業員が対象になるなど、社会に与える影響が大きいことから、整理解雇には判断基準が確立されています。

①**「人員削減の必要性」**　人員を削減することは、経営不振や不況により企業経営上やむを得ないものであり、必要であるか

②**「解雇回避努力」**　解雇の必要性が認められたとしても、そこに至るまでに、労働時間の短縮や配置転換、一時帰休や希望退職の募集など、解雇を回避する努力を尽くしているか

③**「被解雇者選定の合理性」**　解雇者を選定するにあたって、どのような基準で選ばれたのか。合理的で公平に選定しているか

④**「手続きの妥当性」**　整理解雇をするにあたり、その必要性、時期、規模、方法などについて十分に説明をし、協議をしているか

　たとえば人員削減として整理解雇を行ないつつ求人募集する、整理解雇直後に賞与を支給する・昇給を行なうなどということがあれば、合理性・必要性が否定される場合もあります。近年は、この4要件がすべて揃わないと解雇権の濫用になるとは言いきれない判例も出ていますが、基本的には4要件を無視してはいけません。単に景気が悪いから、経営が厳しいからという理由だけで解雇をすることは避けましょう。

売上の減少
↓

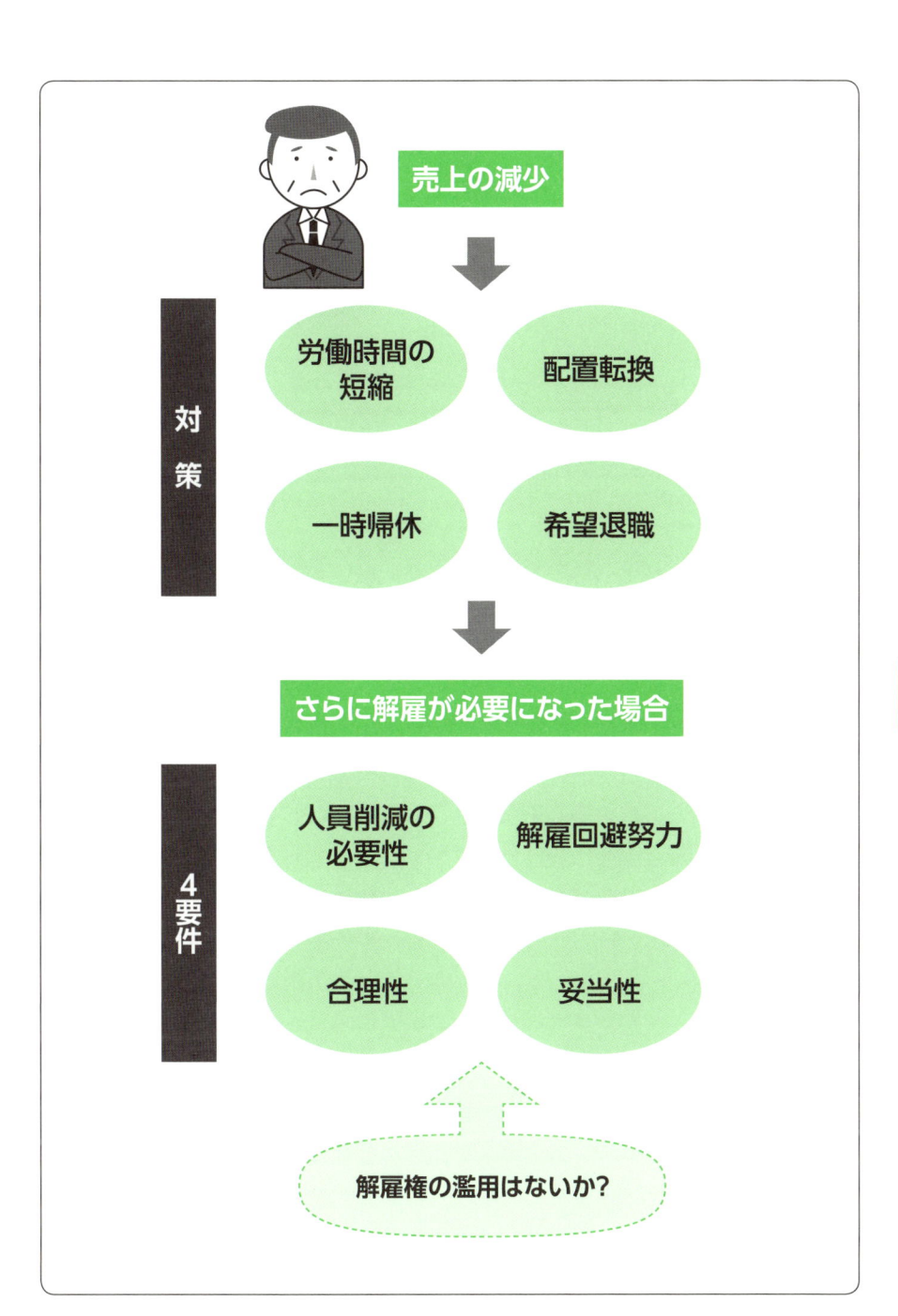

対策
- 労働時間の短縮
- 配置転換
- 一時帰休
- 希望退職

↓

さらに解雇が必要になった場合

4要件
- 人員削減の必要性
- 解雇回避努力
- 合理性
- 妥当性

↑
解雇権の濫用はないか？

47 組合から団体交渉の申し入れ！応じるべきですか？

Q ある日突然、労働組合から「Aさんの解雇は不当だ」「団体交渉をしたい」旨の内容証明が届きました。一度も面識のない労働組合との団体交渉に応じなければならないのですか？

A 労働組合（労働組合法に基づいて設立された労働組合）からの正当な団体交渉の申し入れを拒否すると、「不当労働行為」となりますので交渉に応じなければなりません。

　労働組合のない会社の従業員であっても、従業員個人個人が労働組合に加入し、労働組合活動を行なうことができます。従業員が労働組合を結成したとき、労働組合は会社に対し労働組合加入通知書、団体交渉申し入れ書を送ってきます。団体交渉には応じる必要があり、**団体交渉に応じない場合、それだけで労働組合法違反となり、不当労働行為となります**（労組法7条）。

　しかしながら、会社は団体交渉において常に組合の要求を全面的または部分的に受け入れて譲歩の姿勢を示さなければならないものでないことはいうまでもありません。会社は会社としての立場や、見解を持ち、組合の要求を受け入れることができないという場合もあります。さらに、交渉義務を尽くしたといい得るためには、会社の主張が特に不合理とは認められず、かつ組合の納得を得るべく、必要ならば資料を添えてその理由を説明することが必要であり、また、それをもって足りるものというべきであって、組合がこれを納得したことは必ずしも必要ではないということは判例でも示されています（日本育英会事件　東京地裁　S53.6.30）。

　これからは中小企業でも労働組合対策の必要性は高く、雇止め・解雇・残業代未払い問題など、従業員とのトラブルが発生した場合は、労働組合対策も含めた検討が必要です。団体交渉の申入れがあったら、慌てず、弁護士や社会保険労務士などの専門家に相談することをお勧めします。

日本国憲法第28条で保障

憲法第28条
「勤労者の団結する権利及び団体交渉その他の団体行動をする権利は、これを保障する」

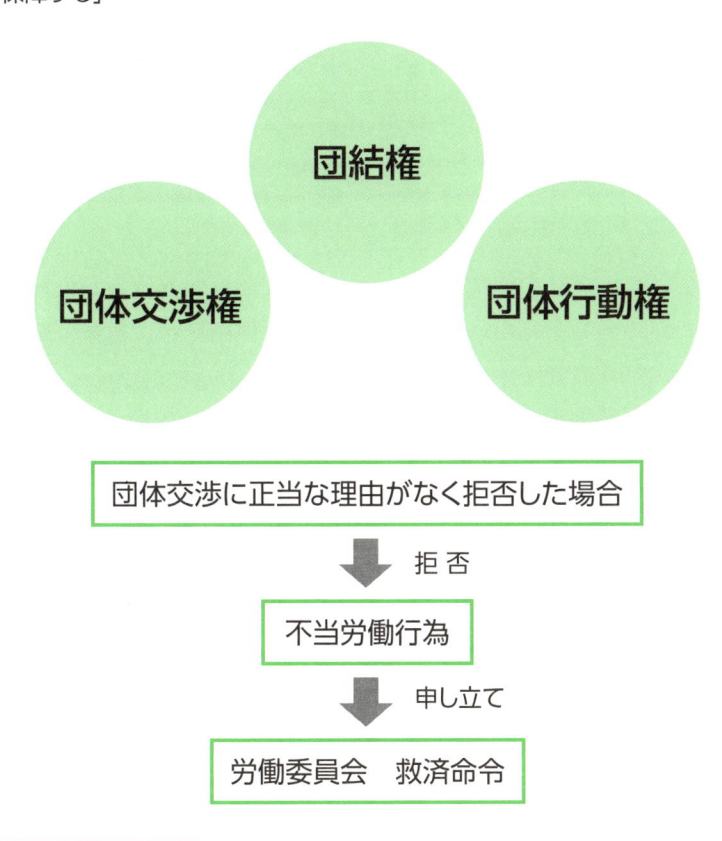

- 団結権
- 団体交渉権
- 団体行動権

団体交渉に正当な理由がなく拒否した場合

↓ 拒否

不当労働行為

↓ 申し立て

労働委員会　救済命令

合同労組とは？

労働組合のない会社等の従業員が1人でも加入できる労働組合があります。合同労組は、中小企業等の従業員が主に加入しており、原則個人を単位として加入しています。

索引

あ

- 安全配慮義務 … 212,214,222,226
- 育児・介護休業法 … 190,236
- 育児休業 … 124
- 育児休業申出書 … 124
- 育児休業の終了 … 127
- 育児時間 … 123
- 育児中、介護中の残業の制限 … 131
- 医師への受診命令 … 216
- 一斉付与の原則 … 68
- 1カ月単位の変形労働時間制 … 90,92
- 1週間単位の非定型的変形労働時間制 … 91
- 1年単位の変形労働時間制 … 90,94

か

- 介護休業 … 128
- 外国人登録証明書 … 180
- 外国人の雇用 … 36
- 解雇制限 … 168,238
- 介護の看護休暇 … 130
- 解雇の通知 … 170
- 解雇の予告 … 164
- 解雇予告手当 … 164
- 解約権留保付の労働契約 … 43
- 過労死の認定基準 … 108
- 間接差別の禁止 … 186
- 管理監督者 … 22,72,109
- 企画業務型裁量労働時間制 … 100
- 休業手当 … 52,200
- 休憩時間 … 68
- 休職期間中の賃金 … 113
- 休職規程 … 116
- 求人募集の年齢制限 … 34
- 競業避止義務 … 148
- 業務災害 … 104
- 継続雇用制度 … 146
- 経歴詐称 … 178
- 減給の制裁 … 51,254
- 公示送達 … 224
- 高齢者の雇用 … 36

- 子供の看護休暇 … 130
- 雇用契約の期間 … 40,232
- 雇用保険 … 144

さ

- 在籍出向 … 140,192
- 在宅勤務 … 99
- 最低賃金 … 56
- 採用選考 … 34
- 在留資格 … 180
- 産業医などによる面接指導 … 222
- 産業別(特定)最低賃金 … 57
- 産前産後休業 … 120
- 36協定(時間外・休日労働協定) … 86,206
- 資格取得費用の返還 … 246
- 時間単位の有給休暇 … 78,202
- 事業場外みなし労働時間制 … 98
- 自己都合退職 … 136
- 就業規則 … 24,171
- 就業規則の作成・変更 … 25
- 出向 … 140
- 障害者の雇用 … 37
- 試用期間 … 42,182,184
- 賞与 … 60,240
- 職種の変更 … 188
- 職場復帰 … 114,216
- 職務専念義務 … 250
- 所定労働時間 … 66
- 心理的負荷による精神障害の労災認定 … 226
- 精神疾患の労災認定基準 … 110
- 整理解雇 … 153
- 整理解雇の4要件 … 162,264
- セクシャルハラスメント(セクハラ) … 230
- 是正勧告 … 31
- 絶対的記載事項 … 25
- 絶対的明示事項 … 38
- 専門業務型裁量労働時間制 … 100
- 相対的記載事項 … 25
- 相対的明示事項 … 38

た

- 代休 … 75
- 退職金 … 62, 244
- 退職証明書 … 142
- 退職願(承諾後)の撤回 … 137, 196, 262
- 退職の申出 … 194, 196
- 短時間勤務制度 … 132
- 男女雇用機会均等法 … 239
- 団体交渉 … 266
- 地域別最低賃金 … 57
- 懲戒解雇 … 152, 178, 242, 260
- 懲戒解雇の要件 … 158
- 懲戒処分 … 156, 242, 248, 252, 254
- 賃金控除に関する協定 … 47
- 賃金支払の5原則 … 46
- 通勤災害 … 105
- 定期健康診断 … 212
- 定年退職 … 136
- 手待ち時間 … 66
- 転籍出向 … 192
- 特別条項付36協定 … 88
- 途中付与の原則 … 68

な

- 内定 … 43
- 内定取り消し … 43, 174
- 任意的記載事項 … 25
- 妊産婦 … 122
- 年金保険料の免除 … 145
- 年俸制 … 58
- ノーワーク・ノーペイの原則 … 50

は

- パートタイム労働法 … 21
- 配置転換 … 140, 190
- パソコンのモニタリング … 250
- パパ・ママ育休プラス … 126
- パワーハラスメント(パワハラ) … 228
- 秘密保持誓約書 … 149
- 副業の禁止 … 256
- 普通解雇 … 152, 160, 258
- 振替休日 … 74
- フレックスタイム制 … 91, 96
- 平均賃金 … 54
- 変形休日制 … 70
- 法定外休日 … 70
- 法定休日 … 70
- 法定労働時間 … 66

ま

- 身元保証書 … 176

や

- 雇止め … 139, 234
- 有給休暇の時季変更権 … 80, 198, 204
- 有給休暇の発生要件 … 76
- 有給休暇の付与日数 … 77
- 有給休暇取得日の給与 … 82
- 有給休暇の買い上げ … 82, 204
- 有給休暇の計画的付与 … 80
- 有給休暇の有効期限 … 82
- 有期労働契約(有期雇用契約) … 40, 138
- 有期労働契約の締結及び更新・雇止めに関する基準 … 235
- 諭旨解雇 … 161

ら

- 労災保険 … 104
- 労使協定 … 28
- 労働安全衛生法 … 20
- 労働基準監督署 … 30
- 労働契約法 … 20
- 労働時間等に関する規定の適用除外 … 72
- 労働者 … 22
- 労働条件通知書 … 38
- 労働条件の変更 … 210
- 労働条件の明示 … 38
- 労働法 … 18

わ

- 割増賃金 … 48

■著者略歴

伊藤 泰人（いとう やすと）
株式会社東京中央人事 代表　　http://www.fpsr-support.com

東京都出身。早稲田大学商学部卒。大手損保会社で24年間、営業に従事。平成22年FP社会保険労務士として東京都府中市で開業。会社を守る就業規則作成、電子申請を活用した労働・社会保険事務手続き、給与計算業務で業績拡大。平成23年東京都立川市でコンサル会社を設立、現在に至る。

菊地 信彰（きくち のぶあき）
東京KI社会保険労務士事務所 代表　　http://www.tokyo-roumu.jp

東京都出身。武蔵大学卒業後、メーカー商社の営業に6年間従事。その後、グループ事業を引継ぎ起業し、総務・人事を含めて事業運営に携わる。社労士事務所を設立後、幅広い業務に携わりながら企業コミュニティー・交流会の運営に参画し、経営者のよき相談相手として活躍している。

村田 小百合（むらた さゆり）
埼玉社労士オフィス 代表　　http://www.sr-murata.jp

埼玉県出身。民間総合建設会社に20年間勤務。総務部長として、総務・経理・労務等幅広く勢力的にこなしてきた経験を活かし、埼玉県春日部市に事務所を設立。企業の労務トラブル相談・経営コンサルティング業務を中心に、がんばる社長を応援する女性社労士である。

森 千晴（もり ちはる）
経営労務サポートオフィス ぶどうの樹 代表　　http://www.roudoutrouble-nenkin-help.com

岐阜県出身。金城学院大学卒業。平成21年岐阜市で事務所設立。労働トラブルを防止する労務管理を実施する一方、特定社会保険労務士としてあっせん代理、労働組合との団体交渉を手掛ける。医療機関、介護・福祉施設等の人事労務問題解決を得意とする。障害年金の申請にも力を入れている。

井尻 潤（いじり じゅん）
JUN社労士オフィス 代表　　http://junsr.jimdo.com/

京都府出身。立命館大学法学部卒業。特定社会保険労務士。平成23年度は京都府社会保険労務士会各種給付金研究会責任者として労働局などとの交渉を経験。プレゼンテーションには定評あり。

越智 成悟（おち せいご）
社会保険労務士 越智事務所 代表　　http://www.sr-ochi.com/

愛媛県出身。法政大学卒業。ボウリング場や病院等で勤務後、平成21年愛媛県松山市にて事務所を開設。現在、メンタルヘルス対策や就業規則の整備等、労務トラブルを中心とした支援を行なう。

髙山 秀夫（たかやま ひでお）
新都心労務相談センター・髙山行政書士事務所 所長　　http://www.sintosin21.com/

長野県出身。早稲田大学社会科学部卒業。東京消防庁にて危険物行政の許認可事務等に従事後、社労士・行政書士事務所設立。労務トラブルの予防・解決業務に従事、多数の円満解決の業績がある。

■監修者略歴
久保社会保険労務士法人
所長　久保太郎：全国労働保険事務組合連合会副会長　大阪経済大学社労士大樟会会長
副所長　久保貴美：地方裁判所司法委員　神戸女学院大学卒業

40年にわたり、人事労務管理やリスクマネジメント、保険関連・給与計算のアウトソーシング業務に携わる。社会保険労務士の分野はもとより、組織の現場力を高め、強い現場をつくる企業労務コンサルタントとして、70業種1,000社を超える企業の労務改善、業績アップの指導に従事。2009年厚生労働大臣賞受賞。長年の実務実績に基づく手続きや、書類作成をはじめとする業務や電子申請化などをいち早く積極的に導入する事務所としても、関係省庁から高い評価を受けている。

HPアドレス：http://www.sr-kubo.jp/
TEL：06-6482-6312　FAX：06-6487-3960

総務の仕事 これで安心
こんなときどうする？ を解決する安心知識 労働基準法と労使トラブルQ&A

平成24年3月21日　初版発行
平成27年7月1日　2刷発行

監　　修 ——— 久保社会保険労務士法人

発行者 ——— 中島治久

発行所 ——— 同文舘出版株式会社
　　　　東京都千代田区神田神保町1-41　〒101-0051
　　　　営業　03（3294）1801　編集　03（3294）1802
　　　　振替　00100-8-42935　　http://www.dobunkan.co.jp

©T.Kubo／K.Kubo　　　　　　ISBN978-4-495-59611-8
印刷／製本：シナノ　　　　　　Printed in Japan 2012

JCOPY　＜出版者著作権管理機構 委託出版物＞
本書の無断複製は著作権法上での例外を除き禁じられています。複製される場合は、そのつど事前に、出版者著作権管理機構（電話 03-3513-6969、FAX 03-3513-6979、e-mail：info@jcopy.or.jp）の許諾を得てください。